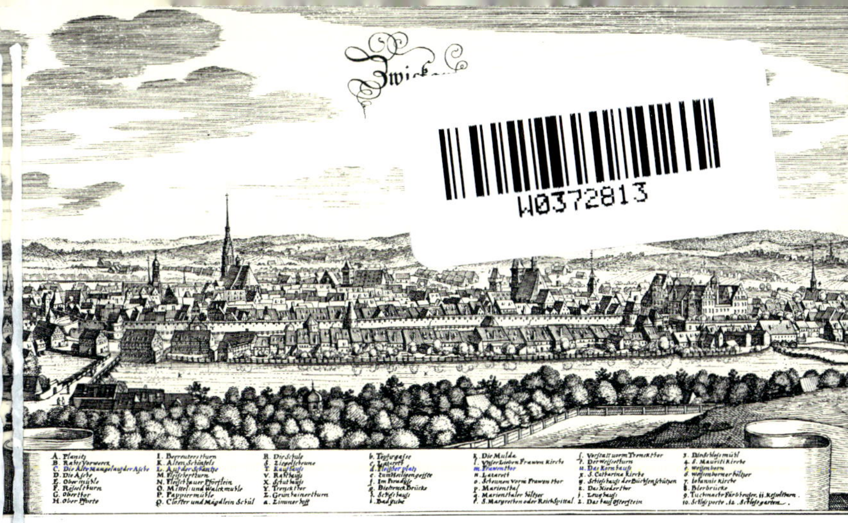

Stadtansicht von Caspar Merian, 1650

# Zwickau – gestern und heute

Schon der wettinische Kurfürst Friedrich der Weise bezeichnete Zwickau im frühen 16. Jahrhundert als »Perle in meinen Landen«. Heute ist die Stadt trotz mancher Einschnitte in der historischen Entwicklung die attraktivste im südwestlichen Sachsen mit einer Vielzahl von Sehenswürdigkeiten. Auch die Lage zwischen Erzgebirge und sächsisch-thüringischem Burgenland trägt zu ihrer Anziehungskraft bei.

Wie viele andere Kommunen der Region wurde Zwickau im Zuge der deutschen Ostexpansion in dem dünn von Sorben besiedelten Urwald des Erzgebirgsraumes, dem Miriquidi, gegründet. Die Ersterwähnung des »territorio zcwickaw« in einer 1118 ausgestellten Urkunde des Naumburger Bischofs Dietrich I. war 2018 Anlass, das 900-jährige Stadtjubiläum gebührend zu feiern.

Die Lage an einem Übergang über die Mulde und an Handelswegen, darunter der Böhmische Steig über das Bergland Richtung Prag, begünstigte den schnellen Aufstieg zu einer wichtigen Kaufmannssiedlung im noch kaum urbar gemachten Umland.

Zwickau war zuerst in wettinischem Besitz. Nach dessen Aufteilung 1265 kam es zur Landsberger Linie, wurde aber schon 1289 ausgetauscht. Beim Erfurter Reichstag 1290 erwarb Kaiser Rudolf von Habsburg das Pleißenland als eigenes Lehen. Zwickau wurde dadurch wie Altenburg und Chemnitz reichsunmittelbar, unterstand

**Stadtname**
Dass der Name Zwickau bzw. Zcwickaw so wie viele Ortsnamen des Erzgebirgsvorlandes slawischen Ursprungs ist, gilt als sicher. Eine schlüssige Herleitung gibt es aber nicht. Vielleicht besteht ein Zusammenhang mit Svarožič, dem slawischen Gott des Feuers und der Sonne. Die Berufung auf »cygnus«, das lateinische Wort für Schwan und Wappentier Zwickaus, ist eine Erfindung der Renaissance-Zeit.

Hauptmarkt, um 1910

**Berggeschrey**
Die Funde von Silber und anderen wertvollen Erzen in der Gegend, die den bezeichnenden Namen Erzgebirge bekam, löste im späten 15. Jahrhundert eine Wanderung von Abenteurern und Arbeitssuchenden aus, die als Zweites bzw. Großes Berggeschrey bezeichnet wurde; das erste hatte die Freiberger Region bereits im 12. Jahrhundert erlebt. Auch wenn in Zwickau und Umgebung keine Erze gefunden wurden, profitierte die durch Handel zu Wohlstand gekommene Oberschicht von den Erschließungen im nahen Schneeberger Revier ab 1470 als Eigentümer von Gruben oder Anteilen daran, sogenannten Kuxen.

also keinem Landesfürsten. Doch dies währte nur bis 1308. Von 1348 bis zur Novemberrevolution 1918 war die Stadt wieder in wettinischer Hand.

Bereits im späten Mittelalter war Zwickau zu Wohlstand gelangt. Während des »**Berggeschreys**«, der Erzfunde im Schneeberger Revier ab 1470, die dem Gebirge schließlich seinen Namen gaben, konnten die Patrizier mit Schürfrechten, sogenannten Kuxen, ihren Reichtum nochmals vermehren. Einige von ihnen, allen voran Martin Römer, gaben der Stadt mit wohltätigen Werken etwas zurück. Wichtiger als Beiträge zur Ausgestaltung der Hauptkirche St. Marien war die Finanzierung von zwei Kornspeichern – einer dient heute der Stadtbibliothek als neues Domizil – und der Anlage von Fischteichen, die heute das wichtigste Naherholungsgebiet der Stadt sind. Auch der Aufstieg der Lateinschule zu einer Bildungsstätte von überregionaler Ausstrahlung ist bürgerlichem Engagement in einer Stadt zu verdanken, die niemals Sitz einer Herrschaft oder eines Bischofs war. Die erhalten gebliebene Ratsschulbibliothek gehört heute zu den kostbarsten Schätzen Zwickaus.

Von den Klöstern, die wie überall in Zentraleuropa das städtische Leben beeinflussten, sind nur bescheidene Reste und Straßennamen geblieben. Eine Ausnahme ist die spätgotische Grünhainer Kapelle, die sich im Zwickauer Wirtschaftshof des Zisterzienserklosters befand und heute durch die Westsächsische Hochschule genutzt wird. Ein interessantes mittelalterliches Relikt sind auch die Priesterhäuser.

Von der ersten Blütezeit der Stadt künden etliche Bürgerhäuser ebenso wie das stattliche Gewandhaus am Markt, heute Sitz des Theaters, sowie die spätgotische Hallenkirche St. Marien mit bemerkenswerten Ausstattungsgegenständen, unter anderem von Peter Breuer und Hans Hesse.

Die Reformation ging in Zwickau mit schärferen Auseinandersetzungen als in anderen sächsischen Städten einher, was mit dem Wirken des radikalen Revolutionärs Thomas Müntzer an der Katharinenkirche und den »Zwickauer Propheten« zu tun hat, von denen Müntzer beeinflusst wurde. Da bereits 1525 die Reformation als durchgesetzt galt, war Zwickau eine der ersten Städte, die evangelisch wurden.

In den folgenden Jahrhunderten verlief die Entwicklung der Stadt aufgrund des Nachlassens der Bergbauerträge eher gemächlich. Hinzu kamen Seuchen, Zerstörungen und Kontributionen, vor allem im Dreißigjährigen und im Siebenjährigen Krieg. Den zweiten großen Aufschwung nahm Zwickau im 19. Jahrhundert, als mit der Industria-

Hauptmarkt mit Rathaus und Gewandhaus, um 1930

An der Mulde, um 1925

**Steinkohlebergbau**
Das »Berggeschrey« des späten Mittelalters hatte Zwickau zwar reich gemacht, aber nicht direkt berührt. Oberflächennahe Steinkohlenfunde wurden zwar auch seit dem 14. Jahrhundert genutzt, aber nicht gezielt vorangetrieben. Mit der Industriellen Revolution im frühen 19. Jahrhundert änderte sich das. 1830 begann mit den »von Arnimschen Steinkohlenwerken« der industrielle Abbau. Es folgten Eisenhütten, Kokereien und Zulieferbetriebe. 1978 wurde der Steinkohlebergbau endgültig eingestellt, die letzte Kokerei schloss 1992. Die Umweltschäden und Geländesenkungen sind noch heute spürbar.

lisierung der Bedarf an Kohle für die sich verbreitenden Dampfmaschinen und Lokomotiven sprunghaft anstieg. War **Steinkohle** in Zwickau bisher schon seit Jahrhunderten in geringem Umfang überirdisch gefördert worden, so teuften Unternehmen nun in großem Stil tiefe Schächte direkt unter dem Stadtgebiet. Ein weiteres Mal wurde Zwickau zu einer reichen Stadt, musste aber auch mit den Folgeschäden wie erheblichen Bodensenkungen leben. Es gab verheerende **Grubenunglücke**, zuletzt 1960 mit 123 Todesopfern. Erst 1978 stellte man den Kohlebergbau ein.

Mit der wirtschaftlichen Konjunktur zog die große Industrie ein. Neben Bergbauausstattern wie der Grubenlampenfabrik Friemann & Wolf sowie der in ganz Sachsen florierenden Textilindustrie war es dann seit Beginn des 20. Jahrhunderts der Autobau, der die Stadt prägte. Hauptsächlich verantwortlich dafür war August Horch, der sein Unternehmen 1904 nach Zwickau verlegt und später, nachdem er aus der eigenen Firma gedrängt worden war, mit Audi eine zweite bekannte Marke aufbaute. In der DDR lief in den unterdessen verstaatlichten Werken der berühmte Trabant in einer siebenstelligen Zahl vom Band. Heute knüpft VW im Ortsteil Mosel an die lange Tradition der Fahrzeugproduktion an.

So wie in der Renaissance die urbane Blüte mit dem Wirken des Universalgelehrten Georgius Agricola verbunden war, so trugen nun Namen wie die des Komponisten Robert Schumann oder Max Pechstein und Fritz Bleyl, Mitbegründer der Künstlergruppe »Die Brücke«, zum Ruf der Stadt bei.

Schon im 19. Jahrhundert war man nicht sehr sorgsam mit der historischen Bausubstanz umgegangen. Im Zweiten Weltkrieg gab es Bombentreffer, aber keine flächenhafte Zerstörung wie etwa in Chemnitz. In der DDR verfielen zahlreiche Gebäude wegen der Mangelwirtschaft, in den 1970er Jahren kam großflächiger Abriss in der östlichen Innenstadt zugunsten des sozialistischen Wohnungsbauprogramms hinzu.

Ab 1990 erlebte Zwickau trotz mancher wirtschaftlicher Einschnitte einen erneuten Aufschwung. Viele Bauten wurden sorgfältig saniert, darunter das schon verloren geglaubte ehemalige landesherrliche Schloss Osterstein. Heute leben in der viertgrößten Stadt Sachsens auf einer Fläche von rund 100 Quadratkilometern etwa 90 000 Einwohner. Eine vielfältige Kulturszene ist nicht nur für die Einwohner, sondern auch für Besucher interessant. Die Kunstsammlungen im Pechstein-Museum, das Horch-Museum und das Schumann-Haus sind nur einige der Höhepunkte.

Das **Grubenunglück von 1960** war nicht nur die größte Bergbaukatastrophe des Zwickauer Kohlereviers, sondern auch der DDR-Geschichte. Am 22. Februar 1960 kam es im VEB Steinkohlenwerk Karl Marx gegen 8.20 Uhr zu einer Kohlestaubexplosion unter Tage. 123 Bergleute starben, sechs von ihnen wurden nie gefunden. Es gab und gibt verschiedene Annahmen, wie es zur Explosion kam, die genaue Ursache konnte aber nicht ermittelt werden. Die angebotene westdeutsche Hilfe lehnten die zuständigen Behörden in Zwickau und Berlin ab.

Zwickau als Industriezentrum, um 1930

## 1 | Hauptstraße

**Tourist-Information** Mo–Fr 9–18 Uhr, Sa 9–16 Uhr

Zwickau verdankt seine Entstehung der Kreuzung zweier Handelswege. Der eine führte von Süddeutschland nach Krakau. Der andere, Salzstraße oder Böhmischer Steig genannt, lief von Halle und Leipzig über das Erzgebirge nach Böhmen. Er verlief etwa die Katharinenstraße und später den Alten Steinweg entlang. Die Hauptstraße, die den Markt mit dem nördlichen Teil des Rings verbindet, ist heute eine beliebte Fußgängerzone mit vielen Geschäften, Cafés und der Tourist-Information.

Der Boulevard hieß ursprünglich Korngasse. Im vorderen Teil, nahe dem Markt, wurde früher Getreidehandel betrieben. Zwickau besaß Stapelrecht, was bedeutete, dass die Händler, die mit ihrem Getreide ins Erzgebirge weiterfahren wollten, dieses zuerst für drei Tage hier anbieten mussten. 1872 bekam sie den Namen Wilhelmstraße, um den Kaiser des gerade geschaffenen Deutschen Reiches zu ehren. Um die Wende zum 20. Jahrhundert entwickelte sich der Straßenzug, durch den ab 1894 auch die erste Linie der elektrischen Straßenbahn fuhr, zum Zentrum des Einzelhandels in der Stadt.

Das bekannteste Bauwerk ist das direkt der gegenüber Tourist-Information gelegene Kaufhaus Schocken. 1901 eröffnete das Leipziger Warenhaus Ury eine Filiale in der Stadt, Geschäftsführer war **Simon Schocken**. 1907 gründete er mit seinem Bruder Salman Schocken einen eigenen Handelskonzern, der bald schon überregional aktiv war. Ende der 1920er Jahre errichtete der Berliner Architekt Erich Mendelsohn mehrere beeindruckende Gebäude für Schocken, unter anderem in Chemnitz und Stuttgart. Auch für Zwickau, den Sitz des Konzerns, legte er 1932 Pläne für einen Erweiterungsbau an der damaligen Wilhelmstraße vor, die aber von den Behörden nicht genehmigt wurden. Bereits 1930 war ein Umbau mit betont sachlicher Fassade am benachbarten Marienplatz fertiggestellt worden, der Architekt ist nicht bekannt.

Ein bemerkenswertes Gebäude ist das Kaufhaus, das zuletzt unter dem Namen »JOH« bekannt war. Für das im Moment leer stehende Bauwerk wird ein neuer Nutzer gesucht. Es wurde 1910 als Neubau für das schon vorher an dieser Stelle ansässige, aber expandierende Kaufhausunternehmen Friedrich Meyer errichtet. Die eigenwillige Gestaltung der Fassade durch den Architekten Emil Hanisch ist vom Jugendstil geprägt. Abgerundete Bögen, kleine Säulen, vorspringende Elemente

**Salman Schocken**
1877–1959, Unternehmer. Gemeinsam mit seinem Bruder Simon revolutionierte Salman Schocken das Kaufhaus-System in Deutschland, u. a. durch eine reduzierte Lagerhaltung. Zugleich gehörten die Neubauten des Konzerns zu den Pionierleistungen des Neuen Bauens. Am bekanntesten sind die Warenhäuser in Chemnitz und Stuttgart, beide von Erich Mendelsohn entworfen. Das Zwickauer Kaufhaus wirkt vergleichsweise bescheiden, auch wenn sich hier der Hauptsitz des Unternehmens befand. Der bekennende Zionist Schocken wanderte 1934 nach Palästina aus, wo er auch als Verleger tätig war. Ab 1940 lebte er in den USA.

**Paul Flechsig**
1847–1929, Psychiater und Hirnforscher. Flechsig wurde in Zwickau geboren, sein Vater Emil war hier Diakon der Marienkirche und mit Robert Schumann befreundet. Nach Medizinstudium und Promotion in Leipzig wurde Flechsig Mitarbeiter am Pathologischen Institut der Universität Leipzig. Am neu gegründeten Lehrstuhl für Psychiatrie wurde er 1877 Professor. Seine Forschungen betrafen hauptsächlich den Aufbau des zentralen Nervensystems. Heute trägt das Institut für Hirnforschung der Universität Leipzig seinen Namen.

mit Tierköpfen sowie Rundfenster unter der Dachtraufe verleihen dem Gebäude einen plastischen und dynamischen Charakter. Das Kaufhaus reicht bis zur benachbarten Marienstraße, wo es durch einen neuen Trakt ergänzt wird. Außerdem gab es in der Hauptstraße weitere Einkaufstempel wie die Kaufhäuser Hassinger und Gloeckner.

Im nördlichen Teil der Hauptstraße, in der viele schöne Fassaden der Gründerzeit zu sehen sind, befindet sich die Galerie des rührigen Vereins der Kunstfreunde Zwickau, der interessante Ausstellungen veranstaltet.

Wo die Straße in den Dr.-Friedrichs-Ring mündet, das Areal der ehemaligen Befestigungsanlagen, steht seit 1986 der Brunnen der Freundschaft. Er wurde vom Zwickauer Künstlerpaar Erika und Jo Harbort gestaltet und 2014 umfassend saniert.

Es lohnt sich auch, einen kleinen Abstecher zur westlich der Hauptstraße gelegenen Marienstraße zu machen, z. B. durch das Rosengässchen. Dort hat sich mit den Nummern 48 bis 54 ein mittelalterliches Ensemble aus dem 15. Jahrhundert erhalten. In einem davon weist der Name »Gasthaus 1470« auf das Baujahr hin, das durch dendrochronologische Untersuchungen der Dachbalken ermittelt werden konnte.

»Brunnen der Freundschaft«

## 2 | Kornhaus

Biegt man von der Haupt- oder der Marienstraße rechts ab, sieht man ein zwar schmuckloses, aber durch sein Volumen beeindruckendes historisches Bauwerk. Der Name Kornhaus drückt die frühere Funktion als kommunaler Getreidespeicher aus. Errichtet wurde es 1480/81 auf Veranlassung Martin Römers, eines reichen Bürgers der Stadt, der dafür 10 000 Gulden spendete, zu dieser Zeit eine enorme Summe. Da es direkt in die Befestigungsanlagen eingebunden war, haben die beiden Untergeschosse Mauerstärken von etwa zwei Metern. Der imposante Dachstuhl war in sechs Speicherböden untergliedert. In späteren Jahrhunderten diente das Gebäude als Zeughaus, also Waffenlager, danach als Bestandteil des Gefängnisses im benachbarten Schloss.

Nach Jahren des Verfalls wurde das Kornhaus saniert und 2014 als Sitz der Stadtbibliothek eröffnet. Aus dem Getreide- wurde ein Wissensspeicher mit rund 160 000 Medieneinheiten. Das Kornhaus gehört zu den ältesten erhaltenen deutschen Speicherbauten dieser Art. Ein zweiter Kornspeicher weiter westlich am Ring ist im 19. Jahrhundert abgerissen worden.

**Thomas Müntzer**
Um 1498–1525, Theologe. Müntzer studierte ab 1506 an der Universität Leipzig Theologie, ab 1512 in Frankfurt an der Oder. In Halberstadt wurde er um 1513 zum Priester geweiht. In Wittenberg schloss er sich Luther und anderen Reformatoren an. Auch wenn sein Wirken in Zwickau kaum ein Jahr währte, war es entscheidend für seine Radikalisierung. Im Unterschied zu Luther unterstützte er die aufständischen Bauern. In Allstedt hielt er 1524 seine aufrührerische »Fürstenpredigt« vor Kurfürst Johann und wurde zum Anführer des Bauernkrieges in Thüringen. Nach der Niederlage bei Frankenhausen wurde er 1525 enthauptet.

## 3 | Alte Posthalterei

1530 ließ Peter Graff, ein Tuchmacher und Textilverleger (Handelsagent für Heimarbeiter), zwei Vorgängerbauten auf dem Gelände, das er seinem Schwiegervater abgekauft hatte, zu einem repräsentativen Gebäude umbauen. Da es nicht nur Wohnzwecken diente, sondern auch Geschäftssitz war, wurde es als Durchgangshaus angelegt. Fuhrwerke konnten vom damals sogenannten Schönen Anger in den Hof fahren und diesen zur Burgstraße hin verlassen. Das wertvolle Rundbogenportal mit seitlichen Sitznischen schuf um 1540 der Steinmetz Paul Speck, 1962 wurde es durch eine Kopie ersetzt. Über den Sitznischen sind die Apostel Petrus und Paulus mit ihren Symbolen Schlüssel bzw. Schwert abgebildet.

Das Gebäude diente von 1883 bis 1922 als letzte Zwickauer Posthalterei. Die erste Poststation der Stadt war 1693 in unmittelbarer Nachbarschaft zur Marienkirche durch den Leipziger Ordinari-Boten Gregor Meyer gegründet worden. Sie existiert jedoch nicht mehr. Die Alte Posthalterei bei der Katharinenkirche hingegen wurde in den 1980er Jahren saniert. Heute bildet sie gemeinsam mit dem deutlich jüngeren Nachbargebäude das »Haus des Handwerks«.

Liebe Leserinnen und Leser,
vielen Dank, dass Sie sich für einen Lehmstedt Reiseführer entschieden haben. Wir freuen uns, Ihre Meinung zu erfahren. Bitte schreiben Sie uns, wenn Sie Anregungen, Empfehlungen oder Berichtigungen haben. Gut verwertbare Informationen belohnen wir mit einem kostenfreien Lehmstedt Stadtführer Ihrer Wahl!
Vielen Dank!

Ich habe diese Karte folgendem Reiseführer entnommen:

____________________________

❑ Bitte senden Sie mir regelmäßig kostenfrei und unverbindlich die Kataloge Ihrer Neuerscheinungen zu.

Ich möchte gern folgende Bücher aus Ihrem Verlagsprogramm bestellen und bitte um Lieferung gegen Rechnung an die umseitig genannte Adresse.

| Anzahl | Autor, Titel |
|---|---|
| | |
| | |
| | |
| | |
| | |
| | |

Ab einem Bestellwert von 20 € ist die Lieferung innerhalb Deutschlands versandkostenfrei.

info@lehmstedt.de

Unsere Datenschutzerklärung finden Sie unter www.lehmstedt.de.

Vorname und Name

Straße und Hausnummer

PLZ und Ort

E-Mail-Adresse

Datum und Unterschrift

An den
Lehmstedt Verlag
Hainstraße 1
D–04109 Leipzig

# 4 | Katharinenkirche

Mai–Okt.: Di–Sa 10–17 Uhr

Die Geschichte der Katharinenkirche reicht weit zurück. 1219 wurde St. Katharinen erstmals als Bestandteil eines 1212 vom thüringischen Triptis nach Zwickau verlegten Nonnenklosters der Benediktinerinnen urkundlich erwähnt. Vermutlich handelte es sich um eine romanische Saalkirche. Noch im Jahr der Ersterwähnung zogen die Nonnen nach Eisenberg weiter, St. Katharinen wurde zur Kirche der Bewohner des Burgbezirks, blieb aber bis 1505 unter dem Patronat des Eisenberger Klosters der Benediktinerinnen. Danach konnte der Rat selbst die Pfarrstelle besetzen. 1520 wurde **Thomas Müntzer** auf Empfehlung Martin Luthers zunächst als Vertretung für einen abwesenden Pfarrer berufen, bald aber fest angestellt. Müntzers Kontakt sowohl zu den städtischen Unterschichten als auch den sogenannten **»Zwickauer Propheten«** Nikolaus Storch, Markus Thomas Badstübner, genannt Stübner, und Thomas Drechsel beeinflussten seine Radikalisierung. Deshalb wurde er im April 1521 entlassen. An das Wirken Müntzers erinnert seit 1989 ein Denkmal von Jürgen Raue neben der Kirche, zu dem

**Zwickauer Propheten**
Der wegen ihres Anführers Nikolaus Storch auch als Storchianer bezeichneten radikalreformatorischen Gruppierung gehörten zunächst noch Thomas Drechsel, wie Storch ein Tuchknappe, und der Student Markus Thomas Badstübner an. Müntzer wurde durch die drei beeinflusst, er wie auch die Gruppe mussten nach einer gescheiterten Revolte 1521 Zwickau verlassen. Die »Propheten«, der Name wurde ihnen von Luther in despektierlicher Absicht angehängt, ließen sich in Wittenberg nieder. Dort hatten sie angeblich »72 Jünger«. Wegen ihrer sozialkritischen Radikalität mussten sie auch Wittenberg verlassen. Ihr weiteres Schicksal ist unbekannt.

auch eine Reliefdarstellung der Ereignisse gehört. Der erste evangelische Gottesdienst fand 1524 in der Katharinenkirche statt. Da das benachbarte Schloss keine eigene Kapelle hatte, nutzten die Bewohner die Katharinenkirche für alle liturgischen Ereignisse. 1522 hielt Martin Luther als Gast eine Predigt. Die Kirche trägt heute das Europäische Kulturerbe-Siegel »Stätte der Reformation«.

Wegen des ungewöhnlichen Verhältnisses von Dachhöhe und Länge des Hauptschiffes und dem den Dachfirst nur mit dem Helm überragenden Turm macht die Katharinenkirche einen gedrungenen Eindruck. Das liegt daran, dass die dreischiffige Halle um 1465 zwischen die vorhandenen Bauteile Chor und Turm eingefügt wurde.

Stadtbrände wie auch Überschwemmungen durch Hochwasser der Mulde bedingten mehrfach Umbauten. Das aus nur drei Jochen bestehende Langschiff ist als Hallenkirche ausgeführt, die drei Schiffe mit jeweils unterschiedlichen Gewölbeformen haben also die gleiche Scheitelhöhe. Interessant ist die Sakristei mit ihrem Sternrippengewölbe, das auf einem mittigen Bündelpfeiler ruht, erbaut um 1300.

Bedeutsam sind die Altarbilder aus der Werkstatt von Lucas Cranach d. Ä. von 1518. Die Skulptur des auferstandenen Christus mit Siegesfahne von 1497 gilt als das älteste erhalten gebliebene Werk des Zwickauer Bildschnitzers Peter Breuer. Die Kanzel aus Sandstein und das Taufbecken sind Werke Paul Specks von 1538. Drei historische Glasfenster waren lange Zeit ausgelagert und wurden erst 2012 wieder eingesetzt.

**Peter Breuer**
Um 1472–1541, Bildschnitzer. Breuer, der zu den bedeutendsten deutschen Künstlern der Spätgotik gehörte, wurde in Zwickau geboren. Der wichtigste Lehrer auf seiner obligatorischen Wanderschaft als Geselle war Tilman Riemenschneider in Nürnberg. Seine eigene Werkstatt in Zwickau gründete er 1502. Neben der 1504 entstandenen Pietà in der Marienkirche schuf er eine Vielzahl sakraler Werke, darunter auch Altäre, hauptsächlich in Sachsen. Mit Einführung der Reformation bekam er kaum noch Aufträge, sodass er verarmt starb. Seine wichtigsten Werke überlebten die Bilderstürme, da sie vorher ausgelagert wurden. Außer in Kirchen sind einige seiner Skulpturen heute auch in Museen u. a. in Zwickau, Chemnitz und Leipzig zu sehen.

## 5 | Nepomukkirche

Die kleine, dem böhmischen »Brückenheiligen« Nepomuk geweihte Kirche diente den Gefangenen des umgewidmeten früheren Schlosses und Kornhauses für die Gottesdienste. Da es die erste katholische Kirche der Stadt nach der Einführung der Reformation war, umfasste das Tätigkeitsfeld der Priester aber ganz Westsachsen. Ein um 1820 errichteter Vorgängerbau wurde 1858 durch ein Hochwasser der Mulde stark in Mitleidenschaft gezogen. Nach der Grundsteinlegung im Oktober 1887 wurde der Neubau von St. Nepomuk bereits im April 1889

Oben: Nepomukkirche
Links: Katharinenkirche

geweiht. Die nach einem Entwurf von Max Schündler errichtete Kirche ist in einer Mischung von Klassizismus und Neoromanik betont schlicht gehalten. Ungefähr 200 Besuchern bietet sie zu den Gottesdiensten oder liturgischen Feiern Platz. Im Inneren sind die farbigen Fenster sowie die Madonna mit Kind und das Wandkreuz von dem Bildhauer A. Schweigert die wichtigsten Kunstwerke.

## 6 | Schloss Osterstein

Eine Residenzstadt war Zwickau nie. Das Schloss diente als Verwaltungssitz der Landesherren, also der wettinischen Herzöge und der von ihnen eingesetzten Vögte. Die erste sichere Erwähnung des »castrum Zcwickaw« datiert von 1331, wahrscheinlich ist die Anlage aber noch älter. Eine grundlegende Erneuerung war nach dem verheerenden Stadtbrand von 1403 nötig. Seine heutige Gestalt erhielt das Schloss im Wesentlichen bei weiteren Umbauten 1587/90 im Geiste der Renaissance. Es handelt sich um eine dreiflügelige Anlage, aber ohne symmetrische Zentrierung. Im Osten war der Komplex nur durch eine Mauer oder einen flachen Verbindungsbau geschlossen. Ein Wendelstein überragt den Nordflügel. In den unteren Geschossen ist er polygonal ausgeführt, oben rund mit einer kleinen Haube als Abschluss. Die südöstliche Ecke des Schlosses hingegen wird durch einen quadratischen Turm betont, der aber nur wenig über die Gesamtanlage hinausragt. Im Süden des Schlosses befindet sich ein Kavaliershaus, das auf seine Sanierung wartet; sein ursprünglich gegenüberliegendes Pendant ist heute nicht mehr vorhanden.

Eine eigene Kapelle hatte das Schloss nicht, für Gottesdienste und liturgische Ereignisse diente die nahe Katharinenkirche.

Bereits 1775 wurde Schloss Osterstein zum Gefängnis umfunktioniert. Zu den prominentesten Insassen gehörte der Erfinder von Winnetou und Old Shatterhand, Karl May, der sich von 1865 bis 1868 als Häftling nützlich machte, indem er die Anstaltsbücherei verwaltete – er saß aber nicht wegen seiner überbordenden literarischen Fantasie ein, sondern wegen diverser Gaunereien.

**Gert Fröbe**
1913–1988, Schauspieler. Als Fröbe geboren wurde, war Planitz noch kein Stadtteil von Zwickau. Er wuchs in bescheidenen Verhältnissen auf, seine Laufbahn war alles andere als geradlinig. Seine Neigung zum Schauspiel lebte er zuerst als Gehilfe im Zwickauer Stadttheater aus. In Dresden studierte er Bühnenmalerei, nahm aber auch Schauspielunterricht. Nach dem Krieg wurde er in unzähligen Filmproduktionen zum Charakterdarsteller. Nicht nur in deutschen Filmen, sondern auch in französischen und englischen, darunter im dritten James-Bond-Streifen, bekam er Rollen. Er lebte in München.

August Bebel, der Mitbegründer der SPD, wurde hingegen wegen seines politischen Engagements inhaftiert, ebenso Georg Vollmar, Redakteur der »Dresdner Volkszeitung«. Das dunkelste Kapitel der Schlossgeschichte begann 1933. Bereits zwei Monate nach der »Machtergreifung« Hitlers wurde hier eines der ersten »Schutzhaftlager« eingerichtet. Im benachbarten Kornhaus entstand ein Folterzentrum. Zu den ersten Opfern gehörte der KPD-Funktionär Martin Hoop, der in der Nacht vom 11. zum 12. Mai 1933 im Keller ermordet wurde. Bis 1962 hatte das Gefängnis Bestand.

Der nachfolgende jahrzehntelange Leerstand führte zu einem ruinösen Zustand mit teilweisen Einstürzen. Als kaum noch eine Rettung denkbar war, kaufte ein Privatinvestor die Anlage, ließ sie 2006/08 denkmalgerecht sanieren und zur Seniorenresidenz umrüsten. Bei der Sanierung wurde die »Große Hofstube«, auch Dürnitz genannt, als ein bedeutendes Zeugnis der Renaissancearchitektur in Zwickau originalgetreu wieder hergestellt. Die Ostseite ergänzte man durch einen modernen Verbindungstrakt aus Stahl und Glas sowie einen Funktionsbau. Die Gaststätte im Torbau ist öffentlich zugänglich und vermittelt den Gästen einen Eindruck vom historischen Flair des früheren Schlosses.

# 7 | Mulldeparadies

Paradiesbrücke

Bereits ab 1798, also im Vergleich zu anderen Städten recht früh, wurden große Teile der Zwickauer Stadtbefestigung abgetragen und der Stadtgraben verfüllt, das Areal wurde zu einer großzügigen Parkanlage umgewandelt. Diese hatte und hat aber auch eine ganz praktische Funktion, denn als Deich soll sie die Innenstadt vor Überflutungen schützen. Zu den schwersten Katastrophen gehörte das Hochwasser 1954, aber auch die Fluten von 2002 und 2013 richteten erhebliche Schäden an.

Der vierspurige Dr.-Friedrichs-Ring wurde hier bis 2007 unter die Erde verlegt, im Jahr 2011 wurde das Muldeparadies eingeweiht. In die gärtnerischen Anlagen eingestreut sind Spielgeräte, aber auch Kunstwerke wie der auf einer Bank sitzende Kumpel beim Feierabendbier. Die Skulptur wurde 2014 von dem Zwickauer Bildhauer Jo Harbort geschaffen. Tafeln informieren über die Geschichte des Steinkohlebergbaus in Zwickau und Umgebung. Noch vor wenigen Jahrzehnten waren von hier aus die Schachtanlagen am östlichen Ufer der Mulde zu sehen. Heute ist der Uferbereich eine Zone der Erholung. Zu Fuß oder mit dem Rad kann man kilometerweit die Umgebung erkunden.

»Erinnerung – es ist Feierabend – Schicht im Schacht« (Jo Harbort, 2014)

Pulverturm

Der am Rande des Parks stehende Pulverturm ist der letzte Rest der einst starken Befestigungsanlagen. Er wurde vermutlich in der zweiten Hälfte des 15. Jahrhunderts errichtet. Sein Name deutet darauf hin, dass er auch als Lager für Schießpulver diente. Nach der Privatisierung 1806 wurde der obere Teil abgetragen. Der neue Aufbau besitzt eher den Charakter eines Teehauses, sodass der Turm heute nicht mehr sehr wehrhaft wirkt. Seit 1927 ist er wieder in städtischem Besitz.

Wenige Meter weiter führt die Paradiesbrücke über die Mulde. Das aus Stahlteilen genietete Bauwerk ist seit 1900 Nachfolger einer älteren Holzbrücke. Sie existierte seit der Gründungszeit der Stadt und hieß ursprünglich Tränkbrücke, weil sie vor dem Tränktor lag, durch das die Zwickauer ihre in der Stadt gehaltenen Tiere zur Tränke an die Mulde führten. Nach einem schweren Hochwasser 1694 wurde sie als überdachte Brücke mit einem steinernen Mittelpfeiler neu erbaut. Am anderen Flussufer sieht man eine historistische Villa, das Ebertschlösschen.

Der Name Paradies geht auf eine Anekdote des 16. Jahrhunderts zurück: Als Luther in Zwickau war, wurde er von aufgebrachten Franziskanermönchen bedroht. Er floh über die Brücke und fand Unterschlupf in einem Wirtshaus, das er dann als sein Paradies bezeichnete.

## 8 | Östliches Stadtzentrum

Weniger paradiesisch ist trotz der begrünten Umgebung der Blick auf die Plattenbauten des östlichen Stadtzentrums. Unter dem Namen »Alter Steinweg« sind diese Wohnscheiben in den 1970er Jahren im sozialistischen Programm zur Behebung der Wohnraumnot in der DDR entstanden. Dafür mussten viele historische Bauten, die den Krieg überstanden hatten, einem 1971 begonnenen Flächenabriss weichen. Manche Häuser stammten sogar aus dem späten Mittelalter. Diese schmerzliche Bausünde lässt sich nicht mehr rückgängig machen. Relativierend muss man aber auch festhalten, dass schon im 19. Jahrhundert viele historische Bauten abgerissen wurden, darunter echte Preziosen. Die Plattenbauten wurden in den letzten Jahren saniert und modernisiert. Wegen der Lage zwischen Innenstadt und Muldendamm sind sie eine begehrte Wohnlage. In der Nicolaistraße kommt man an einem kleinen Gedenkstein für die gleichnamige Kirche vorbei. Als erste Zwickauer Kirche wurde sie um 1170 erbaut und 1682 abgetragen. Es war eine einfache Saalkirche mit turmartig erhöhtem Chor und halbrunder Apsis. Altarfiguren der Kirche von Peter Breuer befinden sich heute im Grassimuseum Leipzig.

## 9 | Dünnebierhaus

An der Ecke der Katharinenstraße zum Neuberinplatz erblickt man eines der schönsten Zwickauer Gebäude der Spätgotik. 1480 errichtet im Auftrag des Patriziers Nicol Römer, wird vermutet, dass Arnold von Westfalen der Baumeister war. Die auch hier zu findenden sogenannten Vorhangbogenfenster hatte er erstmals auf der Meißener Albrechtsburg verwendet. Beeindruckend ist der hohe Staffelgiebel mit den Blendarkaden. Diese Fassade musste allerdings 1980 abgetragen und durch eine Kopie ersetzt werden. Ungewöhnlich ist die in die Ecke im Erdgeschoss eingestellte Säule. Im ersten Geschoss haben sich originale Holzbalkendecken erhalten.

Der Name Dünnebierhaus geht zurück auf die Kafferösterei, Kolonialwarenhandlung und Likörfabrik E.S. Dünnebier, die hier im 19. Jahrhundert ansässig war. Das Dünnebierhaus dient heute als Hochzeitshaus des Standesamtes.

## 10 | Gewandhaus

Spielplan unter www.theater-plauen-zwickau.de

Der Neuberinplatz ist der berühmten Schauspielerin und Reformerin des deutschen Theaters, Friederike Caroline Neuber, gewidmet. Ihr Geburtshaus mit schönen Renaissancegiebeln in der nahegelegenen Inneren Schneeberger Straße wurde 1884 abgebrochen.

Der Name Gewandhaus verdeutlicht, dass dieses imposante Bauwerk einst Sitz der Tuchmacherinnung war. Dass sich solch ein Berufsverband ein derartiges Gebäude direkt neben dem Rathaus leisten konnte – noch dazu dieses deutlich überragend – zeigt die wirtschaftliche Bedeutung dieses Gewerbes am Ausgang des Mittelalters.

Ein hölzerner Vorgängerbau, der bereits die Bezeichnung Kaufhaus trug, wurde 1522 abgerissen. Schon wenig später begann der Bau des Gewandhauses, das innerhalb von drei Jahren unter Leitung von Friedrich Schultheiß entstand. Im Erdgeschoss befanden sich Verkaufsstände für Brot, Fleisch und Salz. Der Saal im ersten

**Friederike Caroline Neuber**

1697–1760, Schauspielerin. Friederike Caroline Weißenborn, geboren im vogtländischen Reichenbach, wurde nach ihrer Heirat mit Johann Neuber allgemein als »die Neuberin« bekannt. Ab 1702 wohnte die Familie in Zwickau. Ihre Mutter starb schon 1705, sie wuchs bei ihrem tyrannischen Vater auf. 1717 gelang der zweite Fluchtversuch mit ihrem Geliebten, damals Gehilfe des Vaters. Sie schloss sich verschiedenen Schauspielertruppen an. 1727 gründete die Neuberin in Leipzig eine eigene Komödiantengesellschaft und erhielt dann das Privileg, ein festes Theater zu gründen. Sie gilt neben Gottsched als Begründerin des stationär etablierten bürgerlichen Schauspiels in Deutschland.

Links: Dünnebierhaus

fremd-körper
Spielzeit 2013/2014
Carmen

Geschoss diente Versammlungen der Innung sowie Verkaufsmessen. Auch Musterungen lokal produzierter Tuche zur Qualitätskontrolle fanden hier statt. Unter dem hohen Dach lagerte Wolle.

Auffällig ist der über fünf Geschosse reichende Giebel mit geschwungenen Verzierungen, die teilweise freitragend über die Dachlinie herausragen und denen dort kleine runde Knaufe aufgesetzt wurden. Die Schwünge wirken noch spätgotisch, die rechteckigen Fenster sind schon typisch für die Renaissance. Ein besonderes Detail ist die sogenannte Brille bzw. Schere im obersten Geschoss. Wandernde Handwerker auf der Walz sollten angeblich mit der Beschreibung dieses Elements nachweisen, dass sie tatsächlich in Zwickau gewesen waren.

Das Türmchen wurde schon 1572 durch Blitzschlag zerstört und dann mehrfach erneuert. 1745 erhielt es seine heute zu sehende barocke Gestalt mit der Turmuhr.

Seit 1823 wird das Gewandhaus als Spielstätte des Theaters genutzt. Dafür wurde 1855 ein richtiger Theaterraum eingebaut. Zur Eröffnung am 13. November des Jahres stand die Oper »Die weiße Dame« von François-Adrien Boieldieu auf dem Spielplan. Nach einem weiteren Umbau 1902 fasste der Saal 1100 Zuschauer, allerdings mit etwa 600 Stehplätzen. Die jüngste von mehreren umfassenden Sanierungen des Hauses findet voraussichtlich 2020 ihren Abschluss.

Theateraufführungen wurden in Zwickau schon im 15. Jahrhundert gezeigt, unter anderem im Hof des Schlosses Osterstein. Die städtische Lateinschule inszenierte antike Stücke. Mit **Paul Rebhun** und Hans Ackermann wirkten in der ersten Hälfte des 16. Jahrhunderts auch lokale Autoren als Theaterdichter. Im frühen 18. Jahrhundert begann die Laufbahn von Caroline Neuber, der »Neuberin«, an die eine kleine Stele östlich der Hauptfront erinnert. Am 1. April 1920 ging das Theater als feste kommunale Spielstätte in das Eigentum der Stadt über, der vorherige Pächter Frido Grelle erhielt einen Arbeitsvertrag. Zu den berühmtesten Gästen gehörten Asta Nielsen, Fritz Kortner und Gret Palucca. Inge Meysel debütierte 1930 am Zwickauer Theater. Im Jahr 2000 fusionierten die Theater von Zwickau und Plauen zum Theater Plauen-Zwickau, das Konzerte, Musiktheater, Schauspiel und Ballett bietet.

**Paul Rebhun**
Um 1505–1546, Dichter. Rebhun wurde im österreichischen Waidhofen an der Ybbs als Sohn eines Gerbers geboren. Er studierte in Wittenberg, wohnte sogar zusammen mit Luther. 1526 wurde er in Zwickau als Kantor angestellt und heiratete Anna Thiel. Nach einem Zwischenspiel im thüringischen Kahla kehrte er 1535 nach Zwickau zurück und war bis 1538 Lehrer an der Lateinschule, später in Plauen und Oelsnitz, wo er auch starb. Neben der beruflichen Tätigkeit wirkte Paul Rebhun als Autor, speziell von Bühnenstücken. Diese hatten oft moralisierende bis sozialkritische Inhalte.

Links: Gewandhaus

## 11 | Robert-Schumann-Denkmal

**Robert Schumann**
1810–1856, Komponist, Musikschriftsteller und Dirigent. Schumann zählt zu den bedeutendsten Komponisten der deutschen Romantik. Nach einem abgebrochenen Jura-Studium studierte er in Leipzig bei Friedrich Wieck Klavier. Er begann schon sehr jung mit Komponieren, hatte aber auch literarische Begabungen. Zudem war er Gründer, Herausgeber und Chefredakteur der »Neuen Zeitschrift für Musik«, mit der er die moderne Musikkritik begründete. 1840 heiratete Schumann Clara Wieck gegen den Widerstand ihres Vaters. In den 1850er Jahren erkrankte er psychisch.

Am Übergang des Neuberinplatzes in den Hauptmarkt steht eine Brunnenanlage mit spielenden Kindern, ein beliebter Treffpunkt der Einwohner. Gleich daneben trifft man auf einen der bekanntesten Söhne Zwickaus, den Komponisten **Robert Schumann**. Anlässlich seines 90. Geburtstages plante die Stadt im Jahr 1900 die Aufstellung eines Denkmals. Unter den 35 Einreichungen eines Wettbewerbes wurde der Vorschlag des Leipziger Bildhauers Johannes Hartmann ausgewählt. Hartmann wurde jedoch nicht termingerecht fertig, sodass das Denkmal erst zum 91. Geburtstag am 8. Juni 1901 in Anwesenheit zweier Schumann-Töchter und weiterer Nachkommen eingeweiht werden konnte. Der Bildhauer stand noch am Anfang seiner Karriere, arbeitete zeitgleich am Neuen Rathaus in Leipzig mit.

Der Komponist sitzt, überlebensgroß dargestellt, gedankenversunken auf einem Stuhl. Das Denkmal wurde zunächst auf dem Hauptmarkt aufgestellt, musste aber mehrfach umziehen. 1938 fand es einen Standort nahe dem Kornmarkt, ab 1948 war es in den Parkanlagen am Schwanenteich aufgestellt. 1993 kehrte es hierher zum Markt zurück.

# 12 | Hauptmarkt

1118 wurde das »territorio zcwickaw« in einer Urkunde des Naumburger Bischofs Dietrich I. erstmals erwähnt. Dieser deutsche Gau, der noch keine konkrete Siedlung beschrieb, in ursprünglich sorbischem Siedlungsgebiet gelegen, gehörte der Gräfin Bertha von Groitzsch, nach neuesten Forschungen wahrscheinlich Schwiegertochter des berühmten Markgrafen Wiprecht von Groitzsch. Die Gründung der Kommune ist einer Kreuzung von Handelswegen in der breiten Talebene der Mulde zwischen Erzgebirge, Vogtland und der Leipziger Tieflandsbucht zu verdanken.

Trotz vieler Brände und bewusster Umbauten hat der Zwickauer Markt mit seiner unregelmäßigen Form auch heute noch einen Teil des historischen Eindrucks bewahren können. Dazu tragen neben Gewand- und Rathaus auch die zwei benachbarten Gebäude an der nordöstlichen Ecke bei. Die 1474 errichtete Löwenapotheke, das linke der zwei Gebäude, gilt als zweitälteste Einrichtung dieser Art in ganz Sachsen. Georg Holoch gründete sie 1478, seit 1486 war sie am Markt 17 ansässig. Nach einigen Verwerfungen zogen die Nachfolger Holochs schließlich 1561 in das von 1403 stammende Haus Markt 18, wo die

**Stephan Roth**
1492–1546, Stadtschreiber, Gelehrter und Ratsherr. Roth stammte aus der Familie eine Schumachers, konnte aber Lateinschulen in mehreren Städten besuchen und erhielt anschließend vom Zwickauer Rat ein Stipendium für die Leipziger Universität. Ab 1517 leitete er die Zwickauer Lateinschule, studierte dann aber nochmals in Wittenberg Theologie, wobei er Luther und Melanchthon kennenlernte. Ab 1528 war er Zwickauer Stadtschreiber, 1543 ernannte man ihn zum Ratsherrn. Er gab eigene Mitschriften von Luthers Predigten als Drucke heraus. Später geriet er wegen der Besetzung von Stellen mit Luther in Konflikt. Er war zwei Mal verheiratet, hatte aber keine Nachkommen. Seine Bücher- und Handschriftensammlung vererbte er der Ratsschulbibliothek.

Apotheke über Jahrhunderte bestand. Später wurde dieses Haus als Kräutergewölbe bekannt. Trotz der Schlichtheit der architektonischen Gestaltung überzeugen die harmonischen Proportionen der beiden Gebäude. Heute kann man hier italienisches Eis genießen.

Die benachbarten Geschäftshäuser mit den Nummern 14 und 16 stammen aus der Gründerzeit des 19. Jahrhunderts, während die kleineren Bauten am Beginn der Hauptstraße deutlich älter sind.

Eine wechselvolle Geschichte hat das direkt gegenüber liegende Stephan-Roth-Haus mit der lindgrünen Fassade (Hauptmarkt 2). Sein Bauherr und Namensgeber ließ es 1534 errichten. **Stephan Roth**, Stadtschreiber und Ratsherr, war ein Vertrauter Martin Luthers, der maßgeblich zur Durchsetzung der Reformation in Zwickau beitrug, auch wenn er sich 1531 im Streit um die Besetzung von Pfarrstellen mit Luther überwarf. Die Marktseite des Gebäudes wurde 1892 gründlich verändert im Sinne einer sehr freien Interpretation der Neogotik mit Treppengiebeln. Im rückwärtigen Trakt sind noch Teile der spätgotischen Substanz erkennbar.

Die benachbarten Häuser Hauptmarkt 3 und 4 wurden 1891 bzw. 1885 erbaut. Es sind typisch gründerzeitliche Wohn- und Gewerbebauten mit großzügigen Geschäften im Erdgeschoss. Gänzlich gründerzeitlich ist das Wohn- und Geschäftshaus (Nr. 9/10), das schräg gegenüber steht. Der Schneidermeister und Geschäftsmann Richard Trobsch ließ es 1894 errichten. Durch seine Höhe, die neobarock dekorierte Fassade und die Kuppel dominierte es lange diese Nordseite des Marktes. Unterdessen wird es aber durch einen noch weniger maßstäblichen und architektonisch misslungenen Neubau direkt daneben in den Schatten gestellt.

Die Ostseite am Gewandhaus wird durch Neubauten der Zeit nach dem Zweiten Weltkrieg beherrscht, die sich jedoch in den Proportionen und Formen gut einfügen. Der »Goldene Anker«, ein spätgotischer Bau mit hohem Staffelgiebel, war schon 1870 zum großen Teil abgebrochen und historistisch überbaut worden.

Im Advent verwandelt sich der Hauptmarkt in einen großen Weihnachtsmarkt, auf dem neben kulinarischen Genüssen auch traditionelle erzgebirgische Volkskunst angeboten wird.

Rechts: »Schmales Handtuch« am Hauptmarkt 2

Cafe & Bar
Cafe & Bar
Cafe & Bar
Schickeria
Schickeria

MARKT
KRESS
MODE

# 13 | Rathaus

Ein Rat wurde in Zwickau erstmals 1273 erwähnt, 1297 auch ein Bürgermeister. Das lange Zeit aus 24 Personen der gehobenen Stände bestehende Gremium mit zwei Bürgermeistern wurde jährlich neu gewählt.

Im Kern ist das Rathaus ein Bauwerk des 15. Jahrhunderts, der Vorgänger wurde beim großen Stadtbrand 1403 zerstört. Aus der Zeit des Neubaus ist die frühere Rats- bzw. Jakobskapelle erhalten. Der spätgotische Raum von 1477 mit ausgemaltem Kreuzrippengewölbe wird dem Baumeister **Arnold von Westfalen** zugeschrieben. Ab 1537 diente er als Trinkstube des Rates. Heute wird er für feierliche Anlässe genutzt. Das voluminöse Bauwerk wurde multifunktional genutzt. Im Erdgeschoss gab es Läden, weiter oben Arrestzellen, Gerichtskammern und ein Waffenlager. Der große Saal diente auch Tanzveranstaltungen.

Bei einer ersten Renovierung 1516/18 erhielt der Bau einen achteckigen Turm und einen Dachreiter, beide wurden schon 1679 wieder abgetragen. Außerdem nutzte der damalige Bürgermeister Johannes Stüler, der seinem Namen in der Manier der Renaissance-Humanisten zu Erasmus Stella (der Stern) latinisierte, die Gelegenheit der Sanierungsarbeiten zur ebenso willkürlichen Geschichtsdarstellung: Da sich im Zwickauer Stadtwappen drei Schwäne befinden, deren Ursprung eigentlich unklar ist, erdichtete Stüler die etymologische Herkunft des Stadtnamens aus Cygnus, einem antiken Helden der Herkules-Sippe und lies diese Legende an die Fassade malen. Im 17. Jahrhundert wurde die Malerei übertüncht. Erhalten ist aber das reliefartig ausgeführte Große Stadtwappen über dem Portal von 1560. Neben den Schwänen und Türmen kamen zwei Stechhelme als Ausdruck der städtischen Stärke hinzu sowie der Kurhut. Die Farben Silber und Gold stehen für den Erzreichtum des Erzgebirges, das dominante Rot ist eine kaiserliche Zutat. Im Großen Stadtwappen des Rathauses darf auch der Stadtpatron, der Heilige Mauritius, nicht fehlen.

Das heutige Aussehen des Rathauses ist im Wesentlichen ein Resultat des 19. Jahrhunderts. 1866/67 wurde die an die Tudor-Gotik angelehnte Fassade mit Zinnenkranz vorgeblendet.

**Arnold von Westfalen**
Um 1425–um 1480, Architekt. Über den Lebensweg des Baumeisters, der in Sachsen den Übergang von der Gotik zur Renaissance vorbereitet hat, ist sehr wenig bekannt. Nach neueren Untersuchungen wird vermutet, dass er an der Bauhütte des Wiener Stephansdoms seine Ausbildung erfahren hat. Sein Hauptwerk ist die Albrechtsburg Meißen. Ab 1471 war er beauftragt, die mittelalterliche Burg zum ersten deutschen Schloss ohne Verteidigungsfunktion umzubauen. Charakteristisch sind die dort erstmals eingesetzten Vorhangbogenfenster, offensichtlich seine Erfindung. Er war auch an der Umgestaltung anderer Burgen wie Kriebstein und Rochlitz sowie an der Erneuerung zahlreicher Kirchen in ganz Sachsen beteiligt.

## 14 | Robert-Schumann-Haus

**August Schumann**
1773–1826, Verleger. Der aus Thüringen stammende Vater des Komponisten Robert Schumann war zunächst in Zeitz als Buchhändler und Bibliothekar tätig, dann in Ronneburg. 1807/08 verlegte er seinen Wohnsitz nach Zwickau und gründete mit seinem Bruder die Verlagsbuchhandlung Gebr. Schumann. Seit seiner Jugend war Schumann selbst schriftstellerisch tätig. In seinem Verlag gab er neben eigenen Werken vor allem Übersetzungen von Weltliteratur heraus. Er begründete die erste deutsche Taschenbuchreihe. Seine wichtigste lexikografische Arbeit war das »Vollständige Staats-, Post- und Zeitungslexikon von Sachsen«, das 1814–1826 in 13 Bänden erschien.

Di–Fr 10–17 Uhr, Sa/So 13–17 Uhr

Das mit nur einem Obergeschoss versehene Gebäude an der Ecke zur Münzstraße ist kleiner als viele andere Häuser am Markt. Es wurde nach dem großen Brand 1403 erbaut und veranschaulicht, wie die meisten Wohnbauten dieser Zeit aussahen. Allerdings handelt es sich um eine originalgetreue Rekonstruktion von 1956, das Original war wegen Baufälligkeit kurz zuvor abgerissen worden.

Der Verleger **August Schumann** bezog das Haus mit seiner Familie 1807/08 und betrieb hier eine Verlagsbuchhandlung, bis er zehn Jahre später ein Anwesen in der Burgstraße erwarb. Schumann gilt als Erfinder des Taschenbuchs, denn er brachte ab 1810 die »Etui-Bibliothek der Deutschen Klassiker« heraus. 1810 kam hier am Hauptmarkt Robert Schumann zur Welt und verbrachte seine ersten sieben Lebensjahre in diesem Gebäude. Das Haus seiner Jugend an der Burgstraße wurde im Zweiten Weltkrieg zerstört. Auf Wunsch seines Vormundes Rudel und seiner Mutter begann er nach dem Abitur ein Jurastudium in Leipzig. Nach einem Jahr verließ er die Messestadt, um in Heidelberg zu studieren und kehrte nach einem weiteren Jahr nach Leipzig zurück, um bei Friedrich Wieck Klavier zu studieren. Mehrfach kehrte Schumann zu privaten Besuchen in seine Heimatstadt zurück. 1847, bei seinem letzten Besuch, trat er gemeinsam mit seiner Frau Clara beim Musikfest auf, er als Dirigent und Komponist, sie als Pianistin.

Heute ist das Haus zugleich Museum, Archiv und Forschungsstätte. In den acht Ausstellungsräumen wird nicht nur auf das berühmte Künstlerpaar eingegangen, sondern auch auf Schumanns Vater und Zeitgenossen. Raum acht ist Schumanns Geburtszimmer. Hier befinden sich sein originales Pult, der Flügel, den Clara Wieck 1828 bei ihrem Debüt im Leipziger Gewandhaus gespielt hat, sowie weitere wertvolle Originale. Das Archiv des Robert-Schumann-Hauses beherbergt die weltweit größte Sammlung zu Robert und Clara Schumann. Es umfasst allein 2000 Briefe aus der Feder Clara Schumanns. Neben der umfangreichen Briefsammlung sind u. a. wertvolle Musikautographen und Musikdrucke vorhanden. Im Konzertsaal finden regelmäßig Konzerte und Veranstaltungen statt. Seit 1964 vergibt die Stadt den Robert-Schumann-Preis. Damit werden hervorragende Solisten, Orchester und Musikwissenschaftler geehrt. Der 1956 initiierte Robert-Schumann-Wettbewerb für Klavier und Gesang findet im vierjährigen Turnus statt.

**Martin Römer**

Um 1423–1483, Unternehmer und Amtshauptmann. Der Sohn des Chemnitzer Kaufmanns Hans Römer besaß ab 1462 das Zwickauer Bürgerrecht. Neun Jahre gehörte er dem Ratskollegium der Stadt an. Schon 1470 wurden er und sein Bruder Nicol durch Kaiser Friedrich III. geadelt. Ein Jahr später war er im Schneeberger Revier als Einnehmer des »Zehnten«, also der Steuern, angestellt. 1475/77 war er Berghauptmann in Schneeberg, seit 1475 auch Amtshauptmann in Zwickau. Mit Herzog Albrecht pilgerte er 1476 nach Jerusalem und wurde dort zum Ritter geschlagen. Seinen Reichtum setzte er teilweise zum Wohl Zwickaus ein.

## 15 | Martin-Römer-Haus

Schräg gegenüber, an der Ecke zum kleinen Marienplatz, steht das 1479 erbaute »Römerhaus« (Hauptmarkt 8), das im 19. Jahrhundert auch nach einem ansässigen Kolonialwarenhändler als Meitznersches Haus bekannt war. An der Fassade sieht man das Ehewappen von **Merten (Martin) Römer** und Katharina Tretwein. Römer war durch den Besitz von Silbergruben im Schneeberger Revier reich geworden und übte angesehene Funktionen in der Stadt und im sächsisch-wettinischen Staat aus. Außerdem tat er sich als Wohltäter hervor, so mit der Anlage der Fischteiche, der Erbauung des Kornhauses sowie der Erneuerung der Lateinschule. Auch bei der Rettung des in Schieflage geratenen Turmes der benachbarten Marienkirche soll er finanziell geholfen haben – er und seine Gattin sind an den zur Stützung angebrachten Vorhallen mit Porträts verewigt.

Die Fassade des Hauses ist relativ schlicht gehalten. Vergleicht man es aber mit dem benachbarten Schumann-Museum, wird deutlich, welchen Aufschwung die Stadt innerhalb weniger Jahrzehnte genommen hatte. Auffälligstes Detail ist der dreistöckige spätgotische Giebel mit den Fensterrahmungen, die teilweise nur Blendwerk sind. Das Martin-Römer-Haus reicht bis zum rückwärtigen Platz bei der Marienkirche, wirkt dort aber ganz unauffällig. Nach Römers Tod 1483 wurde das Gebäude zumindest in den Untergeschossen gewerblich genutzt.

Ehewappen von Katharina Tretwein und Merten Römer

## 16 | Alte Münze

Am Gebäude Hauptmarkt 6 kann man die Inschrift »Alte Münze« lesen. Das ist der Name einer neuen Gaststätte in Nachfolge der alten »Centralhalle«. Als 2010 ein Investor das Gebäude erwarb, begannen umfangreiche Sanierungen, die mehrere Überraschungen hervorbrachten. So konnte nachgewiesen werden, dass Gebäudeteile aus dem 13. Jahrhundert stammen, das Haus also deutlich älter ist als bisher angenommen. Außerdem wurden Fragmente eines frühgotischen Sandsteinportals gefunden, im Keller legte man Reste eines »Steinhuses« frei. Im Mittelalter wurde überwiegend Fachwerk verwendet, was die häufigen Stadtbrände erklärt. Darum muss ein steinernes Bauwerk eine besondere Bedeutung gehabt haben. Man nimmt an, dass es sich um die ehemalige königliche Reichsmünze aus der Zeit um 1200 handelt, wie es auch der Straßenname Münzstraße nahelegt.

# 17 | Marienkirche

Apr.–Dez.: Di–Sa 10–17 Uhr; Jan.–März: Di–Sa 12–17 Uhr

Die der Gottesmutter geweihte Hauptkirche der Stadt, wie in vielen mittelalterlichen deutschen Gründungen etwas abseits vom Markt gelegen, wird seit 1935 auch als Dom bezeichnet. Es ist ein beeindruckendes gotisches Bauwerk, das die Bedeutung Zwickaus im späten Mittelalter eindrucksvoll widerspiegelt.

Der Vorgänger, eine romanische Saalkirche, wurde vermutlich um 1180 errichtet, Fundamentreste sind erhalten. Der Umbau zu einer gotischen Hallenkirche zog sich über zwei Jahrhunderte hin, wirkt im Gesamtbild aber dennoch sehr harmonisch.

Die Veränderungen begannen nach dem Stadtbrand 1328 und dauerten bis 1336. Nach einem erneuten Brand 1383 erfolgten größere Umgestaltungen. 1453, wie es durch eine Inschrift an der Chorsüdwand belegt ist, begannen die Arbeiten am neuen, deutlich vergrößerten Chor, die 1470 abgeschlossen wurden. Er wird durch einen Dachreiter bekrönt.

Das neue Langhaus, von 1506 bis 1537 erbaut, ist ein Werk des Jenaer Steinmetzen Peter Heierliß. Da er schon ein Jahr nach Beginn der Arbeiten starb, führte Caspar Teicher die Bauarbeiten nach seinen Plänen weiter. Mit diesem grundlegenden Umbau wurde St. Marien als spätgotische Hallenkirche mit drei gleich hohen Schiffen mit Netzrippengewölbe auf gekehlten Sandsteinsäulen ausgeführt. Der verwendete Sandstein stammte aus nahe gelegenen Steinbrüchen. Während der gelblich aussehende aus Cainsdorf kam, wurde der mehr graue in Planitz gebrochen. Zudem findet man noch rotbraunen Sandstein aus Vielau. Durch die seitliche Erweiterung des Langhauses nach Norden geriet der Turm aus der Symmetrieachse, er steht nun seitlich verschoben.

Älteste äußerlich sichtbare Teile der Kirche sind untere Abschnitte des Turmes wie der 1338 gebaute Wendelstein an der Südwestecke. 1483 waren erste Umbauten des Turmes durch Hans und Nickel Eichhorn abgeschlossen worden. Da der Turm sich bald schon neigte, wurden seitlich Vorhallen zur Stützung angefügt. Diese erhielten

im späten 19. Jahrhundert reichen figürlichen Schmuck. Im Mittelteil des Turmes wurden die Ecken für Fialen mit den Skulpturen der vier Evangelisten genutzt. Die mehrfach gestaffelte Haube ist eine 1677 fertiggestellte barocke Zutat des Plauener Zimmermeisters Joachim Marquardt, die nach einem Blitzschlag 1650 nötig wurde. Marquardt schuf übrigens auch die zum Verwechseln ähnliche Haube der Hamburger Katharinenkirche. Insgesamt ist der Turm 88 Meter hoch. Die drei Bronzeglocken entgingen im Zweiten Weltkrieg nur knapp dem Schicksal des Einschmelzens, sie waren schon ausgebaut und abtransportiert worden. Eine von Martin Römer gestiftete Silberglocke befindet sich heute im Turm.

»Heiliges Grab«

Das Äußere der Kirche wurde 1885/90 durch den Architekten Oskar Mothes restauriert und neogotisch überformt. Aus französischem Kalkstein, einer Reparationsleistung des Krieges 1870/71, wurden ungefähr 70 Figuren gefertigt, Apostel und Propheten, aber auch Personen der Reformation zeigend. Dazu gehört das Brauthallenportal an der Südseite mit den Skulpturen der törichten und klugen Jungfrauen aus dem biblischen Gleichnis.

Zu den wertvollsten Ausstattungsstücken der Kirche zählt der spätgotische Hauptaltar, der 1479 in der Nürnberger Werkstatt von Michael Wohlgemut, dem Lehrer Albrecht Dürers, geschaffen wurde. Es ist ein sechsflügeliger sogenannter Wandelaltar. Durch Auf- und Zuklappen der Flügel sind verschiedene Ansichten möglich. In der Normalansicht sieht man die Madonna mit diversen Märtyrern. Weiterhin gibt es einen Weihnachts- und einen Passionszyklus, die während der wichtigsten christlichen Festtage zu sehen sind.

Das Vesperbild »Beweinung Christi« unter der nördlichen Empore schuf 1502 der Zwickauer Holzbildhauer Peter Breuer. Kanzel und Taufstein sind Werke von **Paul Speck** (1538). Beichtstühle, Andachtsbilder und Epitaphe aus mehreren Jahrhunderten, darunter die der Bergbauunternehmer Martin und Nicol Römer, sind ebenso sehenswert. Auf der Empore zu finden ist das »Heilige Grab«, 1507 von Michael Heuffner geschaffen.

1383 hatte St. Marien erstmals eine Orgel erhalten. 1842 wurde eine große Jehmlich-Orgel eingebaut und 1890 erweitert, die jedoch nach dem Zweiten Weltkrieg

**Paul Speck**

Gest. 1557, Baumeister und Bildhauer. Speck stammte wahrscheinlich aus dem erzgebirgischen Ehrenfriedersdorf und begann um 1528 seine berufliche Laufbahn in Freiberg. Bekannt wurde er durch kunstvolle Portale im Stil der Frührenaissance. Ab 1534 lebte Speck in Zwickau. Außer den Kanzeln und Taufsteinen der beiden wichtigsten Kirchen der Stadt schuf er in dieser Zeit auch das Portal des Torgauer Schlosses. 1543 zog er nach Leipzig, wo er den Bau der Pleißenburg und weiterer Befestigungsanlagen leitete und auch wesentlichen Anteil am Bau des (Alten) Rathauses hatte.

verfiel. Die heutige Orgel der Bautzener Firma Eule stammt von 1966 und gilt als das größte derartige Instrument, das in der DDR-Zeit gebaut wurde.

Erste protestantische Predigten gab es in St. Marien schon 1521 durch den vom Rat bestellten Pfarrer Nikolaus Hausmann. Der Komponist Robert Schumann wurde hier am 14. Juni 1810 getauft.

Durch den instabilen Untergrund und insbesondere den Steinkohlebergbau direkt unter dem inneren Stadtgebiet hat sich die Kirche um mehr als 3,7 Meter gesenkt, allerdings ungleichmäßig. Obwohl der Bergbau 1978 eingestellt wurde, kämpft man bis heute mit den Folgen, wie Stahlstützpfeiler im Kircheninneren verdeutlichen.

## 18 | Galerie am Domhof

Di–So 13–18 Uhr

Die Städtische Ratsschule, deren berühmte Bibliothek sich heute im Gebäude des Max-Pechstein-Museums (siehe S. 53) befindet, existierte seit dem 13. Jahrhundert. Für die daraus hervorgegangene Lateinschule ließ

Martin Römer 1479 das schlichte, schmucklose Bauwerk in unmittelbarer Nähe der Marienkirche erneuern. Die Schule hatte weit über Zwickau hinaus einen guten Ruf. Zu den Rektoren gehörten u. a. der Universalgelehrte **Georgius Agricola** und der Humanist Stephan Roth, der im Schultheater Komödien antiker Autoren einstudieren ließ.

Fast genau vierhundert Jahre später, 1878, wurde das Gebäude abgerissen, um für den Kunstverein einen Neubau zu errichten. Trotz der zu dieser Zeit aufkommenden Neo-Baustile ist er noch in einem zurückhaltenden Klassizismus gestaltet. Ein wichtiger Initiator war Oberbürgermeister Lothar Streit, Vorstandsmitglied des 1864 gegründeten Vereins. Der Kunstverein wurde 1936 aufgelöst, die Bestände dem städtischen Museum übergeben. Zeitweise diente der Bau nach 1945 als Naturkundemuseum. Die heutige Galerie am Domhof, seit 1978 bestehend, ist einer der kulturellen Brennpunkte der Stadt mit wechselnden Kunstausstellungen und stellt eine Begegnungsstätte für Künstler der Stadt und Region dar. Sie beheimatet aber auch mehrere Vereine, darunter den Kunstverein Zwickau e. V., die Gesellschaft für christlich-jüdische Zusammenarbeit e. V. oder das Förderstudio Literatur e. V.

**Georgius Agricola**
1494–1555, Gelehrter. Georg Bauer wurde in Glauchau geboren, latinisierte im Sinne des Humanismus seinen Namen. 1514–1518 studierte er an der Universität Leipzig. Als Konrektor bzw. Rektor prägte er die Zwickauer Lateinschule. Auch wenn er hier nur bis 1522 tätig war, reformierte er das Schulsystem entscheidend, indem er es auf praxisbezogene Fächer wie Bau- und Messwesen und Landwirtschaft ausrichtete. Agricola war danach vorwiegend als Arzt tätig, aber auch als Bürgermeister in Chemnitz. Mit seinem Hauptwerk »De re metallica« gilt er als Begründer der wissenschaftlichen Bergbaukunde und Mineralogie.

# 19 | Priesterhäuser – Museum für Stadt- und Kulturgeschichte

Di–So 13–18 Uhr

Direkt gegenüber von Marienkirche und Galerie am Domhof sieht man vier Gebäude, die sich auf eine unvergleichliche Weise innen wie außen in ihrer spätmittelalterlichen Gestalt einschließlich vieler baulicher Details wie Fußböden, Gewölbe, Fenster und Türen erhalten haben, die in ganz Sachsen selten ist. Ursprünglich gab es zwölf Priesterhäuser, acht wurden im 19. Jahrhundert abgerissen. Das älteste Gebäude ist jenes am Domhof 7 – das Holz der Balkendecken wurde dendrochronologisch auf die Mitte des 13. Jahrhunderts datiert. Das jüngste noch existierende Priesterhaus entstand im Jahr 1466.

Der Name Priesterhäuser ist nicht falsch, wohnten doch hier Angestellte der städtischen Kirchen. Neben Pfarrern waren dies Organisten und Kantoren. Doch auch kommunale Bedienstete wie Lehrer und Konrektoren der benachbarten Lateinschule fanden hier Unterkunft. Zu den bekanntesten Bewohnern gehörten der in der Reformationszeit tätige Theologe und Autor Paul Rebhun, der Bach-Schüler Johann Ludwig Krebs sowie Johann Gottfried Kuntsch, der erste Klavierlehrer Schumanns.

Heute hat in den vier Priesterhäusern und einem modernen Anbau das Museum für Stadt- und Kulturgeschichte seinen Platz gefunden. Für einen kompletten Rundgang sollte man etwa zwei Stunden einplanen. Es wird aber auch eine verkürzte Tour von etwa einer Stunde angeboten. Zu den Schwerpunkten der Präsentation gehört die Geschichte des Bergbaus in Zwickau, doch auch die frühe Blütezeit der Stadt, begründet auf Handel und Textilproduktion, nimmt einen gebührenden Platz ein. Die Ausstellung bietet zudem anhand erhaltener Räume anschauliche Einblicke in das Leben der einstigen Bewohner der Priesterhäuser und erläutert die einzelnen Bauphasen mit ihren architektonischen Besonderheiten.

**Albert Hennig**
1907–1989, Maler, Grafiker und Fotograf. Der in Leipzig geborene und aufgewachsene Hennig konnte sein 1932 begonnenes Studium am Bauhaus wegen der Schließung der Schule durch die NSDAP nicht abschließen. Autodidaktisch erlernte er die Fotografie. In den 1930er Jahren, aber auch in der DDR, musste er lange als Bauarbeiter seinen Lebensunterhalt verdienen. Erst ab 1972 konnte er sich ganz der Kunst widmen. Hennig war sehr vielseitig tätig. Sein umfänglicher Nachlass befindet sich seit 2008 im Max-Pechstein-Museum.

## 20 | Peter-Breuer-Straße

Rechts neben den Priesterhäusern zweigt das Schulgässchen vom Domhof ab. In dessen Sichtachse sieht man die namensgebende erste Bürgerschule der Stadt. Nachdem in Sachsen ab 1835 der Grundschulbesuch ver-

pflichtend wurde, kam es zu einer Vielzahl von Schulneubauten. Die Zwickauer Bürgerschule entwarf der Schinkel-Schüler Karl Friedrich Emil Gutwasser. Der in einem betont schlichten Klassizismus gehaltene Bau entstand 1840/42. Heute dient er einem Privatunternehmen als Sitz. Die Peter-Breuer-Straße ist nach dem bedeutenden Zwickauer Bildhauer der Spätgotik benannt. Zwar ist die Bebauung eine Melange verschiedener Epochen, doch es ist noch etwas vom Flair der alten Stadt zu spüren. Etliche kleine Gaststätten und Geschäfte tragen zur angenehmen Atmosphäre bei. Im westlichen Teil der Straße, der früher direkt an die Stadtmauer angelehnt war, sind noch einige Altbauten aus der Zeit um 1500 zu finden, die ihrem historischen Bild entsprechend restauriert wurden, so die Nummer 27 mit dem Fachwerk im Obergeschoss. Doch auch manche Bauten der Gründerzeit sind durchaus sehenswert.

## 21 | Grünhainer Kapelle

Am Ende der geschwungenen Peter-Breuer-Straße steht auf der rechten Seite die sogenannte Grünhainer Kapelle. Das um 1230 gegründete Zisterzienserkloster Grünhain in der Nähe von Schwarzenberg entfaltete im

Mittelalter eine enorme Macht im oberen Erzgebirge. Etwa 40 Dörfer und Städte waren in seinem Besitz. Die Zwickauer Filiale, der sogenannte Stadthof, entstand um 1300 und diente bis 1536 als Verwaltungszentrum vor allem zur Zinseintreibung in den abhängigen Dörfern der Zwickauer Umgebung. Die kleine Kapelle wurde von den hier ansässigen Mönchen für Gottesdienste und liturgische Handlungen genutzt. Sie ist den Regeln des Ordens entsprechend ausgesprochen schlicht gehalten. Der zweischiffige Saal mit Mittelpfeiler hat Kreuzgrat- und Kreuzrippengewölbe.

1522 gab es unter dem Einfluss der Reformation einen Aufstand Zwickauer Bürger gegen die Mönche, die einen Bauern inhaftiert hatten. Bei der Revolte wurden einige Kunstwerke und Schriftstücke zerstört. Doch erst 1536 wurde das Kloster mit dem Auszug des letzten Abtes endgültig säkularisiert. Zwölf Jahre später zog die Lateinschule vom Gebäude nahe der Marienkirche in den Wirtschaftstrakt des früheren Grünhainer Stadthofes um. Die Kapelle wurde zur Bibliothek umfunktioniert. 1697 wurde für diesen Zweck ein Neubau errichtet, 1712 kam ein Rektoratsgebäude hinzu. 1773 wurde die Schule in ein Lyzeum und 1835 in ein Gymnasium umgewandelt. Zu den Schülern gehörte von 1820 bis 1828 Robert Schumann. Wesentliche Erweiterungsbauten erfolgten im späten 19. Jahrhundert, nach Bombentreffern im Zweiten Weltkrieg war ein partieller Wiederaufbau nötig. Heute sind die Gebäude Bestandteil der Westsächsischen Hochschule.

Zum ursprünglichen architektonischen Bestand gehört die Durchfahrt zum Hof mit dem gotischen Gewölbe. In ihr erinnert eine Gedenktafel an zwei bedeutende Bürger Zwickaus, Georgius Agricola und Robert Schumann.

**Westsächsische Hochschule**

1862 wurde mit dem expandierenden Steinkohlenbergbau eine Bergschule gegründet. 1949 erhielt sie den Rang einer Bergingenieurschule. Sie wurde 1965 mit der 1897 gegründeten Ingenieurschule vereinigt. Nach weiteren Angliederungen wurde sie 1989 zu einer Technischen Hochschule ernannt. Die meisten Hochschulbauten, neue wie auch umgenutzte, befinden sich im Zentrum, ohne einen geschlossenen Campus zu bilden. In Schneeberg befindet sich eine Außenstelle mit vier Fachrichtungen für Angewandte Kunst. Heute zählt die Hochschule ungefähr 4700 Studierende in acht Fakultäten.

## 22 | Kornmarkt

Die Peter-Breuer-Straße mündet in den Kornmarkt. Der Name verweist auf die frühere Nutzung des Areals. Ein moderner Brunnen von Wolfgang Jakob mit Getreidesäcken und dem stilisierten Wasserrad einer Mühle erinnert daran. Im Haus Nummer 4 befand sich früher der »Gasthof zur Grünen Tanne«. 1835 gastierte dort im Ca-

SCHUMANN IN ZWICKAU

sino-Saal die 16-jährige Leipziger Pianistin Clara Wieck. Zum Repertoire gehörten schon Werke ihres späteren Mannes Robert Schumann, darunter die Toccata op. 7. Das Gebäude aus dem frühen 18. Jahrhundert wurde 1984 abgebrochen und durch einen simplen Neubau ersetzt. Daneben sieht man ein schlichtes Renaissance-Gebäude mit Rundbogen-Portal.

Das eigenwilligste Bauwerk am Platz ist aber das »Schiffchen« an der spitz zulaufenden Einmündung des früheren Kirchgässchens, heute Domhof, in die Münzstraße. Zum Platz hin hat es eine schmale Front mit einem hohen spitzen Dach darüber. Diese seltsame Form hat wohl zu seinem Namen geführt. Erbaut wurde es Ende des 15. Jahrhunderts am Übergang von der Spätgotik zur Renaissance, allerdings musste es 1968 unter Verwendung originaler Baustoffe neu errichtet werden. An der Seite zur Münzstraße fallen die Drillingsfenster auf. Um die Wende zum 17. Jahrhundert zogen Seilerfamilien in das Gebäude. An der schmalen Giebelseite erinnert ihr als farbiges Relief ausgeführtes Handwerkszeichen daran. Es zeigt einen goldenen Anker mit Tau.

1848 war der Kornmarkt Schauplatz revolutionärer Ereignisse. **Robert Blum** hielt hier am 19. März des Jahres eine aufrüttelnde Rede. Die progressiv eingestellten Zwickauer ernannten ihn zum Ehrenbürger und entsandten ihn als Delegierten in die verfassungsgebende Nationalversammlung in der Frankfurter Paulskirche.

An der Westseite des Kornmarktes, wo die in den 1950er Jahren erbauten Hauptgebäude der Westsächsischen Hochschule stehen, biegt die Klosterstraße nach links ab. Hier fällt ein Bau mit Stilelementen aus verschiedenen Epochen auf, an dem sich noch ein Erker mit Kupferdach und Butzenscheiben erhalten hat, unter dem zwei farbig gefasste Geschlechterwappen der Familien Pfefferkorn und Wildeck zu sehen sind. Gebaut wurde der Erker 1478, die Wappen sind jüngeren Datums. Feldhauptmann Pfefferkorn, der dieses Haus bewohnte, starb 1560. Ein weiterer Bewohner war der Stadtarzt Eusebius Wildeck. Das Haus besitzt auch ein schlichtes Rundbogenportal und ein weiteres Wappenrelief zwischen den Fenstern des ersten Obergeschosses.

Wo die Klosterstraße in die Innere Schneeberger Straße übergeht, befindet sich die Endhaltestelle der Vogt-

**Robert Blum**
1807–1848, Politiker und Autor. Blum wurde in Köln in bescheidenen sozialen Verhältnissen geboren. Nach mehreren begonnenen Ausbildungen besuchte er um 1830 in Berlin frei zugängliche Vorlesungen an der Universität. Parallel zu Gelegenheitstätigkeiten verfasste er literarische Werke. Seit den 1830er Jahren war Blum auch politisch aktiv und forderte Demokratie, Freiheit und die Einheit Deutschlands. Ab 1840 gab er die »Sächsischen Vaterlandsblätter« heraus, die 1845 verboten wurden. Nach der Februarrevolution 1848 in Frankreich reiste Blum agitatorisch durch Sachsen und wurde von den Zwickauer Demokraten als Delegierter in die Frankfurter Nationalversammlung gewählt. Am 9. November 1848 wurde Blum trotz parlamentarischer Immunität nahe Wien hingerichtet.

Links: Kornmarkt mit »Schiffchen« und »Brunnen der Kornmüller« (Wolfgang Jakob, 1998)

landbahn, die Zwickau vom Zentrum aus bequem mit dem Umland verbindet. Hier steht eine Postmeilensäule. Solche Säulen mit Entfernungsangaben in Wegestunden zu wichtigen anderen Städten wurden ab 1721 auf Veranlassung Kurfürst August des Starken durch den Kartografen Adam Friedrich Zürner in ganz Sachsen aufgestellt. Sicherlich gab es solche Säulen auch in Zwickau. Diese hier ist aber eine Neuschöpfung, ebenfalls geschaffen von Wolfgang Jakob.

## 23 | Schwanenteich

Zwickau trägt im Wappen drei Schwäne. Der heutige Schwanenteich wurde aber ebenso wie vier weitere Gewässer in seiner Umgebung erst ab dem späten 15. Jahrhundert planmäßig angelegt zur Fischzucht für die Fastenzeit und nebenbei auch als zusätzliche Verteidigungsanlage. Finanzier war einmal mehr Martin Römer, einer der reichsten Bürger Sachsens dieser Zeit. Beteiligt an der Investition war zudem der wohlhabende Bürger Hans Federangel. Nach dem Tod der 1483 verwitweten Katharina Römer erbte die Stadt schon 1504 das Areal.

Mahnmal für die Opfer des Faschismus

1836 begann die Nutzung als Erholungsgebiet mit dem Bau der Restauration Schwanenschloss, die leider 1993 abgerissen wurde, obwohl es sich um eine Art Wahrzeichen der Stadt handelte. Wegen der Absenkung des Geländes hatte das Bauwerk starke Schäden bekommen. Seit 1850 gibt es auf dem Teich tatsächlich Schwäne. Zur gleichen Zeit beauftragte die Stadt den Gartenarchitekten Carl Eduard Petzold mit der Gestaltung der ausgedehnten Parkanlage. Seitdem heißt er Schwanenteich. Heute sind nur noch der Große Teich, also der Schwanenteich, und der Lange Teich vorhanden. Spital-, Melzer- und Ziegelteich wurden im 19. Jahrhundert trockengelegt und in Wiesen verwandelt.

1935 erfolgte die Aufstellung des Schwanenbrunnens im Nordteil, gestaltet von Paul Berger. Weitere Kunstwerke sind das Denkmal für Oberbürgermeister Lothar Streit von 1901 sowie das Kranichpaar von Berthold Dietz und der Steinbock von Edmund Schorisch. Vom gleichen Künstler stammt die Gestaltung des großen Mahnmals für die Opfer des Faschismus von 1948.

1957 errichteten Tausende Zwickauer in freiwilliger Arbeit die Freilichtbühne. Am Teich gibt es eine Gondelstation sowie Vogelvolieren und ein Ziegengehege.

Ehem. Realschule

## 24 | Humboldtstraße

Zwischen Innenstadt und Schwanenteichanlagen entstand auf dem Gelände der früheren Befestigungsanlagen ein interessantes Ensemble historistischer Bauten, der Verwaltung und Bildung dienend.

Nahe den Parkanlagen steht das ehemalige Kaiserliche Post- und Telegraphenamt (Humboldstraße 1), das 1883 im Stil der italienischen Neorenaissance errichtet wurde. Besondere Sorgfalt wurde auf die Ausgestaltung des Mittelrisalits verwendet. Wenige Schritte weiter sieht man die frühere Reichsbank (Nr. 3) von 1901/03 im neobarocken Stil. Auf der anderen Straßenseite, an der Ecke zur Schillerstraße, steht zunächst die Justizvollzugsanstalt (Schillerstraße 2), die 1899/1901 entstand. Im Unterschied zu manch anderen Gefängnissen macht sie mit den verspielten historistischen Dekorationen einen eher freundlichen Eindruck. Direkt daneben befindet sich das Amts- und Landgericht (Platz der Deutschen Einheit 1). Auch bei diesem wurden die Klinkerflächen mit Sandsteinelementen wirkungsvoll untergliedert.

Am Platz der Deutschen Einheit, früher nach dem sächsischen Monarchen Albert benannt, ist die 1870 errichtete Realschule (Nr. 2) das auffälligste Bauwerk. Mit ihren klaren Formen ist sie ein Musterbeispiel für die Neorenaissance italienischen Typs. Der Mittelrisalit hat drei Portale mit darüber angeordneten geteilten Rundbogenfenstern.

Vergleichsweise schmucklos, dennoch imposant wirkt das Amtsgericht (Dr.-Friedrichs-Ring 21). Architektonisch ist es der Neoromanik zuzuordnen. Die Fassaden sind mit grauem Sandstein verkleidet, die Kanten durch roten Porphyrtuff wirkungsvoll hervorgehoben.

## 25 | Wolfsche Villa

In der Humboldtstraße 14 steht die Wolfsche Villa. Paul Wolf war Mitinhaber der Grubenlampenwerke Friedemann & Wolf. 1910/11 ließ er sich diese Villa vom Zwickauer Architekten Johannes Zimmermann errichten. Wolf leistete sich sogar den für Privatbauten ungewöhnlichen Luxus, zuvor einen Wettbewerb auszuschreiben. Das Bauwerk aus Elbsandstein erreichte zu dieser Zeit in der deutschen Fachpresse große Anerkennung. Auch wenn die Seitenflügel wegen der Kreuzungslage nach hinten streben, hat die Komposition den Charakter ei-

nes kleinen barocken Palais. Der runde Mittelbau wird durch ein zentrales Relief betont und durch eine Aussichtsplattform bekrönt. Die zwei Flügel besitzen hohe Mansarddächer mit ornamental hervorgehobenen Fenstern. Die Brüstung der ausgreifenden Terrasse vor dem Gebäude zieren zwei ägyptisierende Sphinx-Skulpturen. Wolf verdeutlichte mit diesem Prunkbau in exponierter Lage den Reichtum der Unternehmerschicht, die vom Steinkohlebergbau profitierte. Heute lädt eine Mocca-Bar zum Besuch ein.

Die für Wohnzwecke heute nicht mehr so günstig erscheinende Lage an der stark befahrenen Kreuzung muss damals noch deutlich ruhiger gewesen sein, wofür auch Nachbargebäude sprechen. Gegenüber steht eine kleinere Stadtvilla mit Giebeln, die an jene vom Geburtshaus Caroline Neubers erinnern. Markant ist auch das mehrstöckige Gebäude an der Ecke von Schumann- und Georgenstraße mit aufwendig gestalteten Fassaden.

## 26 | Markthalle

Nördlich des Schwanenteichparks sieht man zur Linken den attraktiven Bau der Markthalle. Das dreiflügelige Bauwerk wurde 1843 als Hospital und Kreiskranken-

stift fertiggestellt und 1896 erweitert. Seit der Sanierung 1999/2000 wird das denkmalgeschützte Gebäude als Markthalle genutzt. Das Mauerwerk aus gelben Klinkern wird durch farbige Bänder aufgelockert. Die Gesamtform ist eine fantasievolle Mischung historistischer Stile.

An der hier beginnenden Bahnhofstraße befindet sich auch das Geburtshaus (Nr. 36) des Mitbegründers der expressionistischen Künstlergruppe »Die Brücke«, Max Pechstein. Der Hauptbahnhof am Ende des Straßenzuges wurde zwar 1933/36 erbaut, steht aber noch ganz im Zeichen der rationalistischen Moderne der progressiven 1920er Jahre nach Entwurf von Reichsbahnoberbaurat Falck.

## 27 | Johannisbad

Mo/Mi/Fr 10–22 Uhr, Di 7–22 Uhr, Do 8–22 Uhr, Sa/So 9–22 Uhr

Das Johannisbad in der Johannisstraße 16 ist eine besondere Attraktion der Stadt, da es nicht nur äußerlich, sondern auch innen so erhalten ist, wie es vor mehr als 100 Jahren geschaffen wurde. Initiiert wurde der Bau durch Samuel Schlobig, einen engagierten Reformer der

Der Spaziergang durch die **Nordvorstadt** ist wie ein aufgeschlagenes Bilderbuch der diversen Neo-Stile des Historismus wie auch des Jugendstils. Das hat mit dem enormen Stadtwachstum zu tun: Hatte Zwickau 1890 reichlich 44 000 Einwohner, so waren es 1910 schon 73 500. Wer es sich leisten konnte, suchte sich nördlich der Altstadt eine Wohnung. Es empfiehlt sich, die Römerstraße entlangzulaufen. Jenseits der Osterweihstraße ändert sich der Charakter. War bisher Blockrandbebauung mit Mietshäusern dominierend, so wird die Bebauung jetzt durch Villen aufgelockert. Besonders interessante Beispiele sind an der Kolpingstraße zu finden.

Samuel-Schlobig-Büste

Heilkunde. Der erste Bauabschnitt, der heutige Westteil des Bades, wurde 1869 eröffnet. Entworfen hat ihn Gotthilf Ludwig Möckel, ein zu dieser Zeit in Zwickau bekannter Architekt. Von 1890 bis 1904 zog sich die Erweiterung nach Plänen von Stadtbaurat Kretzschmar hin. Schwimmhalle und Wannenbäder wurden mit Sauna und Massageeinrichtungen kombiniert. Annähernd ein Jahrhundert lang funktionierten die Anlagen. Von 1997 bis 2000 wurden sie saniert und dienen seitdem wieder dem ursprünglichen Zweck.

Die Architektur des Klinkerbaus ist im Geist des Historismus an mittelalterliche Verteidigungsanlagen angelehnt. Die Westfront wird durch ein rundes Maßwerkfenster verziert. Das Innere der Schwimmhalle mit Rund- und Spitzbögen, dekorativen Ausmalungen und farbigen Einfassungen ist eher vom Jugendstil beeinflusst.

Direkt vor dem Bad steht eine Bronzebüste Dr. Schlobigs. Der angrenzende Park war ursprünglich der Garten seiner privaten Heilanstalt, die er ab 1868 direkt neben dem städtischen Krankenhaus betrieb. 1996/99 wurde der Park unter Erhalt des Baumbestandes umgestaltet. Ein künstlicher Bach durchzieht das Gelände und wird von einer Brücke überspannt. Außerdem gibt es Tast- und Duftbeete speziell für Sehbehinderte.

# 28 | Kunstsammlungen Zwickau – Max-Pechstein-Museum

**Kunstsammlungen** Di–So 13–18 Uhr;
**Ratsschulbibliothek** Di–Fr 8–18 Uhr

Der Bau eines städtischen Museums begann im Jahr 1912. Der Architekturwettbewerb dafür war sachsenweit ausgeschrieben worden, Sieger war der in Zittau ansässige Richard Schiffner. Am 23. April 1914 konnte der Bau unter dem Namen König-Albert-Museum eröffnet werden, benannt nach dem 1902 verstorbenen sächsischen Monarchen. Sein Nachfolger auf dem Thron, Friedrich August, nahm die Einweihung des Zwickauer Baus kurz vor Beginn des Ersten Weltkrieges persönlich vor.

Architektonisch fällt die klare Gliederung in zwei Flügel mit Betonung der Symmetrieachse durch den runden Mittelbau auf. Dieser überragt die Seitentrakte deutlich mit der gekehlten Kuppel und dem Türmchen, das von einer Plattform umgeben ist, beide mit Kupferplatten eingedeckt. Ein dritter Flügel ist von der vorderen Fassade aus nicht sichtbar. Auch wenn die Gesamtform einen neobarocken Charakter besitzt, ist die dekorative

**Hildebrand Gurlitt**
1895–1956, Kunsthistoriker und -händler. Der Sohn des verdienstvollen Architekturhistorikers Cornelius Gurlitt wurde in Dresden geboren und studierte dort Kunstgeschichte. Von 1925 bis 1930 machte er die avantgardistische Kunst dieser Zeit populär. Das dunkelste Kapitel seiner Biografie ist der Verkauf von Werken, die vom NS-Regime als »entartet« gebrandmarkt wurden, ins Ausland. Ebenso war er am Kunstraub in okkupierten Gebieten beteiligt. Ab 1948 leitete er den Kunstverein für die Rheinlande und Westfalen.

Ausschmückung sehr zurückhaltend. Der Haupteingang wird durch doppelte Blendpfeiler mit Bossenwerk, einen gesprengten Giebel und die mittige Skulptur einer nackten Frau hervorgehoben.

Der Zwickauer Neubau diente ursprünglich der Aufnahme von fünf sehr unterschiedlichen Sammlungen: Ratsschulbibliothek, Mineraliensammlung, Handschriften des Ratsarchivs, Sammlung des Altertumsvereins sowie städtischer Kunstbesitz. Heute gibt es eine Dreiteilung. Außer den Kunst- und Naturkundesammlungen unter dem Namen Max-Pechstein-Museum sind die Ratsschulbibliothek sowie das Stadtarchiv in dem Gebäude untergebracht.

Die Institution der Städtischen Kunstsammlungen wurde 1925 gegründet. Erster Direktor war **Hildebrand Gurlitt**, der das Museum bis 1930 leitete und sich für die Verbreitung der künstlerischen Moderne engagierte. So präsentierte er 1925 nicht nur den aus Zwickau stammenden **Max Pechstein**, sondern wenige Jahre später mit Erich Heckel und Karl Schmidt-Rottluff dessen Mitstreiter in der Künstlergruppe sowie den expressionistischen Einzelgänger Emil Nolde. Gurlitt engagierte auch Bauhaus-Künstler für die Umgestaltung der Museumsräume. Während er überregional viel Anerkennung für sein Wirken bekam, war er vor Ort nicht gerade beliebt. Allzu provokativ musste der Einbruch des radikal Neuen in der Provinzstadt wirken. So wurde ihm, auch unter dem Vorwurf der »nichtarischen Abstammung«, am 1. April 1930 gekündigt. Bis 1945 war die Ausstellungs- und Sammlungspolitik konservativ ausgerichtet. Doch auch in der DDR war es schwer, an Gurlitts Erbe anzuknüpfen. Immerhin erhielt das Museum 1966 eine umfangreiche Schenkung des Malers und Grafikers **Fritz Bleyl**. 1971 kamen Werke Alter Meister aus dem Nachlass des Kunsthistorikers Walter Hentschel hinzu.

Die stadtgeschichtliche Sammlung wurde 2003 in das Museum der Priesterhäuser ausgelagert. 2011 konnte in den Kunstsammlungen die Plastikhalle mit spätgotischen und frühbarocken Skulpturen eröffnet werden. Sie dokumentiert den Kunstsinn der Zwickauer Bürger bei der Ausgestaltung der Kirchen in den frühen Blütezeiten der Stadt. Mit der Reformation waren viele katholische Bildwerke in der »Götzenkammer« der Marienkirche

**Max Pechstein**
1881–1955, Maler und Grafiker. Pechstein erlernte in seiner Heimatstadt Zwickau zunächst das Handwerk des Dekorationsmalers, begann dann ein Studium an der Dresdener Akademie. Dort lernte er Ernst Ludwig Kirchner, Erich Heckel und Karl Schmidt-Rottluff kennen und trat der Künstlergruppe »Die Brücke« bei, die neben dem »Blauen Reiter« in Bayern Wegbereiter des Expressionismus in Deutschland war. Nach anfänglichen Widerständen etablierte sich seine Kunst vor allem in den 1920er Jahren im Umfeld der Klassischen Moderne. Pechstein unternahm ausgedehnte Reisen. Schon 1933 erhielt er von den Nazis als »entarteter Künstler« Ausstellungsverbot. 1945 wurde er Professor an der Universität der Künste Berlin. Die Stadt Zwickau verleiht seit 1947 (mit einer Unterbrechung von 1963 bis 1984) den Max-Pechstein-Preis.

**Fritz Bleyl**
1880–1966, Maler. Aus Zwickau stammend, war Bleyl ein Kommilitone Ernst Ludwig Kirchners an der Technischen Hochschule Dresden, wo er ab 1901 Architektur studierte. 1905 gehörte er zu den vier Mitbegründern der »Brücke«, die den sächsischen Expressionismus schuf. Bereits nach zwei Jahren verließ er die Künstlergruppe und zog nach Freiberg. In der Folge arbeitete er mehr in seinem erlernten Beruf als Architekt denn als Künstler. 1948/49 war er nochmals in Zwickau ansässig, zog dann aber ins Rheinland. In seiner Kunst ist der Jugendstil stärker spürbar als der Expressionismus.

oder an anderen Orten verstaut worden, erst im 19. Jahrhundert wurden sie als Schätze wiedererkannt. Dem Altertumsverein ist es zu verdanken, dass sie schließlich in den Bestand der Städtischen Kunstsammlungen übergingen. Die Plastikhalle zeigt aber auch Werke des 20. Jahrhunderts von Karl Albiker bis Alfred Hrdlicka.

Seit 2014 ist der Name Max-Pechstein-Museum in Gebrauch, da im Museum die weltweit größte Pechstein-Ausstellung mit rund 50 Werken des gebürtigen Zwickauers zu bewundern ist. Werke dieses »Brücke«-Künstlers, zum Teil als Leihgaben aus Privatsammlungen, bilden den Schwerpunkt der Gemäldepräsentation. Hinzu kommen aus der Sammlungstätigkeit des Kunstvereins wichtige Werke aus der Zeit des Impressionismus und des Jugendstils sowie weitere Arbeiten der Moderne aus der Gurlitt-Ära, auch wenn die faschistische Aktion »Entartete Kunst« 1937 Lücken riss. Die Grafiksammlung umfasst rund 30 000 Arbeiten zwischen Mittelalter und Gegenwart.

Das Museum bietet immer wieder auch spannende Ausstellungen zu aktueller Kunst. Der Sammlungsbestand wird kontinuierlich erweitert. Dabei legt man auch Wert auf den Erwerb von Werken von Künstlern, die biografische Verbindungen zu Zwickau haben wie **Rosa Loy** oder Wolfram Ebersbach.

Die geowissenschaftliche Abteilung des Museum basiert auf der im 19. Jahrhundert angelegten Sammlung des Bergfaktors Ernst Julius Richter. Sie umfasst heute etwa 18 000 Stücke. Der Schwerpunkt liegt dabei auf der Geologie der westsächsischen Bergbauregion. Des Weiteren kann man Bestände des 1969 aufgelösten Naturkundemuseums besichtigen.

Die Ratsschulbibliothek ist ein ganz besonderer Schatz der Stadt und hat nationale Bedeutung. Als eine der ältesten wissenschaftlichen Bibliotheken Mitteldeutschlands gehört sie zu den bedeutendsten historischen Büchersammlungen des deutschsprachigen Raumes. Sie beruht auf der Literatur- und Handschriftensammlung der 1498 ersterwähnten Schulbibliothek der Lateinschule, die zuerst an der Marienkirche, dann im ehemaligen Grünhainer Kloster ihren Sitz hatte. Sie wuchs durch die Übernahme mehrerer Nachlässe von Gelehrten, u.a. 6000 Einheiten aus dem Erbe des Stadtschreibers und Ratsherren Stephan Roth sowie Sammlungen des Universalgelehrten Christian Daum und des Komponisten Georg Göhler. Außerdem wurde sie gezielt ergänzt, um Literatur zu allen geisteswissenschaftlichen Sparten zur Verfügung stellen zu können, zunächst in Latein, später auch in deutscher Sprache. Im 19. Jahrhundert machte

**Rosa Loy**
Geb. 1958, Malerin. Loy wurde in Zwickau geboren, studierte in Berlin Gartenbau und danach in Leipzig Buchgestaltung. An der dortigen Hochschule für Grafik und Buchkunst war sie nach dem Diplom Meisterschülerin bei Rolf Münzner. Sie wird der sogenannten Neuen Leipziger Schule zugerechnet, was jedoch keine feste Gruppierung ist. Mit ihrem Mann, dem Maler und Grafiker Neo Rauch, lebt sie in Markkleeberg bei Leipzig.

Lesesaal der Ratsschulbibliothek

sich der Altertumsverein um die Pflege und Katalogisierung der Bibliothek verdient. Mit der Eröffnung des Museumsbaus 1914 zog die Ratsschulbibliothek in den Ostflügel des Gebäudes um.

Heute umfasst sie als bedeutendste bibliothekarische Sammlung Westsachsens rund eine Viertelmillion Hand- und Druckschriften mit zahlreichen Unikaten sowie Porträts und Musikalien. Einen Schwerpunkt der Sammlung bildet landeskundliche Literatur zu den westsächsischen Regionen Pleißenland, Vogtland und Erzgebirge.

Ein auffälliges Bauwerk ist das benachbarte Finanzamt. Es wurde 1902 für die Ingenieurschule durch Paul Dreßler errichtet. Er wählte einen monumentalen Ausdruck in Formen des Neobarock mit der hohen, kupferbedeckten Kuppel. Der Name der großen Freifläche, Platz der Völkerfreundschaft, will nicht so richtig zur Funktion eines überdimensionierten Parkplatzes passen. Früher hieß die Fläche Schießanger, weil hier jährlich Volksfeste der Schützengesellschaften in der Art eines Jahrmarktes samt Vogelschießen und Krönung des Schützenkönigs stattfanden.

## 29 | Moritzkirche

Eingebettet in einen mit Bäumen dicht bestandenen Platz erhebt sich an der Kolpingstraße die mächtige Moritzkirche. Sie ist dem Patron der Stadt, dem Heiligen Mauritius, geweiht. Mit dem starken Wachstum der Bevölkerungszahlen wurden im 19. und frühen 20. Jahrhundert mehrere Kirchenbauten nötig, auch in den eingemeindeten Vororten. Neben der Moritzkirche in der Nordvorstadt gehört dazu auch die originelle, im Jugendstil gestaltete Lutherkirche in der Bahnhofsvorstadt, entworfen vom Dresdener Architekturbüro Schilling und Gräbner.

Der Klinkerbau der Moritzkirche wurde 1891/93 errichtet. Architekt war der Berliner Jürgen Kröger, ein Spezialist für derartige Aufgaben in ganz Deutschland. Er entwarf einen Zentralbau, der von einem 71 Meter hohen Vierungsturm gekrönt wird. Das Äußere ist eine eklektische Mischung von Neogotik mit neoromanischen Elementen. Auffällig sind die großen Rosettenfenster

der kurzen Seitenschiffe. Im Innenraum gehören ein Lutherstandbild und die ornamentalen Malereien von Otto Berg zu den Besonderheiten. Die Fensterbilder stammen aus der Dresdener Werkstatt von Bruno Urban.

## 30 | Pestalozzischule

Zu den architektonischen Kleinoden Zwickaus im Sinne der Klassischen Moderne gehört die Pestalozzischule an der Seminarstraße. Sie wurde bis 1929 durch die Architekten Bock und von Tilling errichtet. Die Baukörper sind klar kubisch gestaltet, die Klinkerfassaden erhalten durch die Anordnung der Fenster und die dazwischenliegenden Mauerstreifen eine horizontale Ausrichtung. Auch vom Konzept her war die Schule zu dieser Zeit revolutionär. Sie verfügte über eine Schwimmhalle, Sport- und Gymnastikräume sowie einen Lehrerkindergarten. 2006 wurde der Komplex saniert, hieß zunächst Puschkinschule, erhielt aber 2010 den historischen Namen zurück. Nicht weit entfernt befindet sich das opulente Schulgebäude des Käthe-Kollwitz-Gymnasiums (Lassallestraße 1), das 1909/12 als Königlich-Sächsisches Lehrerseminar eingeweiht wurde.

## 31 | August Horch Museum

Di–So 9.30–17 Uhr

Zwickau ist seit Anfang des 20. Jahrhunderts ein bedeutender Standort der Automobilproduktion. **August Horch** hat hier zuerst mit dem Unternehmen, das seinen Namen trug, dann mit Audi Marken etabliert, die bis heute einen guten Ruf genießen. Durch den Druck der Weltwirtschaftskrise schlossen sich beide mit DKW (Dampfkraftwagen) Zschopau und der Fahrzeugsparte der Wanderer-Werke Chemnitz zur Aktiengesellschaft **Auto Union** zusammen. Das Symbol der vier Ringe dient dem Nachfolgeunternehmen Audi, nach 1945 nach Ingolstadt umgezogen, noch heute als Symbol.

In der DDR wurde in Zwickau über drei Jahrzehnte der **Trabant** gebaut, auch als »Duroplastbomber« bekannt. Zur Historie der Nachkriegsproduktion gehören auch die diversen erfolglosen Anläufe, ein moderneres Fahrzeug in die Serienproduktion zu überführen. Nach der deutschen Wiedervereinigung übernahm VW die maroden Sachsenringwerke. Die Kompromisslösung, den Trabant mit einem VW-Motor auszustatten, wurde als »Herzschrittmacher in der Mumie« verspottet. Heute befindet

**August Horch**
1868–1951, Unternehmer. Der Sohn eines Schmiedes gründete 1899 seine erste Auto-Fabrik in Köln. 1902 wurde sie ins vogtländische Reichenbach verlegt, zwei Jahre später nach Zwickau. Inzwischen hatte Horch das erste deutsche Fahrzeug mit Viertaktmotor zur Produktionsreife gebracht. Doch bereits 1909 musste Horch sein Unternehmen verlassen und gründete eine neue Firma. Da er seinen Familiennamen nicht dafür verwenden durfte, übersetzte er ihn ins Lateinische: Audi. 1939 wurde er Zwickauer Ehrenbürger. Wegen Anfeindungen und der Enteignung des Betriebes nach 1945 verließ er die Stadt und starb in Oberfranken.

**Auto Union**
Im gesamten Erzgebirgsraum gab es seit dem frühen 20. Jahrhundert Dutzende Fahrzeughersteller. Viele existierten nur wenige Jahre. Unter dem Druck der Weltwirtschaftskrise und unter staatlicher Verwaltung schlossen sich 1932 Horch und Audi (beide in Zwickau ansässig), DKW Zschopau und die Fahrzeugsparte der Chemnitzer Wanderer-Werke zur Auto Union zusammen. Die Verwaltung hatte ihren Sitz in Chemnitz. Das Logo mit den vier Ringen, den Zusammenschluss symbolisierend, wurde nach 1945 von den nach Ingolstadt ausgelagerten Audi-Werken weiter genutzt.

sich die VW-Produktion in einem neu errichteten Werk im Ortsteil Mosel, Motoren werden im nahen Chemnitz gefertigt.

Das August Horch Museum ist seit 2004 an der Stelle der früheren Audi-Werke beheimatet. Gleich neben dem Eingang sieht man die ehemalige Villa des Firmengründers, 1910/12 im späten Jugendstil errichtet. Sie kann auf Anfrage besichtigt werden. Das Museum informiert anschaulich über die Tradition des Automobilbaus mit vielen originalen Objekten. Dazu gehören rund 160 Fahrzeuge von den ersten Entwürfen Horchs bis zu modernen VW-Modellen. Diese werden nicht nur gezeigt, sondern auch in Szenerien der betreffenden Zeit als Inszenierung einbezogen, beispielsweise in eine Tankstelle aus den 1930er Jahren. Im ehemaligen Kontorgebäude lässt sich ein Teil der früheren Autoproduktion an funktionsfähigen Maschinen plastisch nacherleben. Ebenso gibt es mehrere Videoprojektionen. Leben und Wirken August Horchs, der mehr genialer Konstrukteur als erfolgreicher Unternehmer war, stellt das Museum umfassend dar. Auch die Verwendung sächsischer Autos und Motorräder bei Rennsportveranstaltungen vom nahen Sachsenring bis zu internationalen Fernfahrten durch ganz Europa wird thematisiert.

Zu sehen sind außerdem besondere Varianten für die militärische Verwendung und repräsentative Fahrzeuge für die Staats- und Armeeführung, die nur in geringer Stückzahl gefertigt wurden.

Das August Horch Museum ist für den Besuch mit Kindern gut eingerichtet und bietet spezielle didaktische Angebote wie den Zwergenslalom oder die Forscherkammer an. Außerdem lädt ein Restaurant zum Verweilen ein. Für die unter dem Thema Industriekultur stehende Sächsische Landesausstellung 2020 mit dem Hauptstandort Zwickau wurde eine dem Museum benachbarte frühere Produktionshalle des Trabant-Werkes umgebaut.

Insgesamt wurden in Zwickau etwa drei Millionen Fahrzeuge der Marke Trabant in mehreren Modellen gebaut. Zur Erinnerung an diesen »Volkswagen des Ostens« hat der Zwickauer Bildhauer Berthold Dietz 1998 anlässlich eines internationalen Trabantfahrer-Treffens das humorvolle Denkmal geschaffen, das zunächst in der Innenstadt aufgestellt wurde, seit 2014 aber am Parkplatz gegenüber des Museums an der Audistraße steht. Das abstrahierte Fahrzeug ist aus Sandstein gehauen. Das zufriedene Ehepaar davor wie auch die Tochter auf der Motorhaube sind aus Bronze.

**Trabant**
In den früheren Horchwerken wurde ab 1957 der Kleinwagen Trabant gefertigt, bis 1962 in der Variante 500. Wichtigste Merkmale sind der Zweitaktmotor, der Vorderradantrieb und die Karosserie aus Duroplast. Das Nachfolgemodell 600 war nur zwei Jahre in Produktion. Von 1964 bis 1990 lief der legendäre Trabant 601 in fast 2,5 Millionen Exemplaren vom Band. Zahlreiche Versuche eines moderneren Fahrzeuges scheiterten an der sozialistischen Planwirtschaft, darunter der P 603, der einige Jahre vor dem VW Golf der erste Vollheck-PKW der Welt hätte sein können.

**Zwickau an einem Tag. Ein Stadtrundgang**
Herausgegeben von Mark Lehmstedt

**Text:** Jens Kassner
**Lektorat:** Kristina Schulze/Lehmstedt Verlag
**Karte:** OpenStreetMap-Mitwirkende, geodressing.de
**Fotos:** Volker Preusser/Alamy Stock Foto (U1), Nürnberg Luftbild/Hajo Dietz (U2), Günter Müller (U1 Klappe, U4, S. 6, 9–13, 17–19, 24, 25, 31, 33–38, 47, 48, 52 u., 53, 59–61), Jens Kassner (S. 7, 8, 14, 16, 17 u., 20, 27, 28, 32, 39–46, 49–51, 52 o., 54), Peter Schickert/Alamy Stock Foto (S. 22), Helge Gerischer (S. 30), Max-Pechstein-Museum/Gregor Lorenz (S. 56), Max-Pechstein-Museum/Peer Bolte (S. 57), August Horch Museum Zwickau/Ben Walther (S. 62, 63), Verlagsarchiv
**Gestaltung:** Mareike Bardenhagen/Lehmstedt Verlag
**Druck:** druckhaus köthen GmbH & Co. KG, Köthen (Anhalt)

**Umschlag:**
1: Hauptmarkt und Marienkirche
2: Müntzer-Denkmal neben der Katharinenkirche
3: Luftbild von Zwickau
4: Postmeilensäule an der Inneren Schneeberger Straße
5: Stadtwappen am Rathaus


1. Auflage, 2020
ISBN 978-3-95797-093-0